基金项目：国家社科基金重点项目"汉语二语口语能力习得与高效率教学模式研究"（12AZD113）；北京社科基金重点项目"基于社会文化理论的汉语学习者课堂互动与调节的认知与神经机制研究"（20YYA004）

社会文化理论视角下的
汉语二语习得研究

SHEHUI WENHUA LILUN SHIJIAO XIA DE HANYU ER YU XI DE YANJIU

贾琳 著

中国商务出版社
CHINA COMMERCE AND TRADE PRESS

图书在版编目（CIP）数据

社会文化理论视角下的汉语二语习得研究 / 贾琳著.
—北京：中国商务出版社，2022.6
ISBN 978-7-5103-4287-5

Ⅰ.①社… Ⅱ.①贾… Ⅲ.①汉语—对外汉语教学—
教学研究 Ⅳ.①H195.3

中国版本图书馆CIP数据核字(2022)第103081号

社会文化理论视角下的汉语二语习得研究

贾琳 著

出　　版：中国商务出版社	
地　　址：北京市东城区安定门外大街东后巷 28 号邮编：100710	
责任部门：教育事业部（010–64243016）	
责任编辑：刘姝辰	
总 发 行：中国商务出版社发行部（010–64208388 64515150）	
网　　址：http://www.cctpress.com	
邮　　箱：349183847@qq.com	
开　　本：710 毫米 × 1000 毫米　1/16	
印　　张：15	字　数：208 千字
版　　次：2022 年 6 月第 1 版	印　次：2022 年 6 月第 1 次印刷
书　　号：ISBN978–7–5103–4287–5	
定　　价：65.00 元	

凡所购本版图书有印装质量问题，请与本社总编室联系。（电话：010–64212247）

P 序
REFACE

贾琳博士的《社会文化理论视角下的汉语二语习得研究》是在"社会文化心理理论"（Sociocultural Theory of Mind）框架下探讨汉语作为第二语言习得的认知机制和汉语二语课堂教学实践的一本新作。这一新作是我们社会文化心理理论研究团队多年学术积累的成果之一。其中还有一些成果由于各种原因尚未发表。虽然上世纪80年代，社会文化心理理论在国外已经成为第二语言习得研究一个新的研究领域，但是汉语二语习得研究和汉语二语教学研究领域对这一理论至今依然了解不多。因此，在该书出版之际，贾琳博士嘱我写序，我欣然接受。希望借此机会说说国内汉语二语习得与教学界关于社会文化心理理论的研究，以推动汉语二语习得与二语教学研究的发展。

国内第二语言习得研究领域引进社会文化理论大约在20世纪90年代末至本世纪初，而且主要是英语作为第二语言的习得研究领域。汉语作为第二语言习得研究引进社会文化理论则晚于外语界。一般而言，新理论的引进初期主要是理论的引介和阐释。新理论与二语习得研究以及二语教学研究的结合相对滞后一段时间，因为理论和实践相结合需要一个消化理解的过程。但是，汉语二语习得研究领域这个过程持续得比较短。或者说，社会文化理论作为第二语言习得研究的一个新领域，从一开始就和汉语二语习得研究以及汉语二语教学研究紧密地结合在一起。自2008年以来，基于社会文化理论的汉语二语习得研究先后发表了一系列文章和专著（蒋荣，2009，2013；魏岩军等，2008；付佩宣、王建勤，2017；丁存越，2015；姜晓，2016；种一凡，2018；孙志君、许芃、王建勤，2021；贾琳、王建勤，2021；吴柳、王建勤，2021a，2021b）。后续还将有一些新的研究成果陆续发表（贾琳等，2022；孙志君等，2022）。这些研究涉及社会文化理论中的"调控理论"（regulation）；"最近发展区"（the zone of proximal development）、"内化理论"（internalization）、"调节互动"（mediated interaction）、"活动理论"（activity theory）、"动态评估"（dynamic assessment）、"系统理论教学"（systemic-theoretical instruction）等主要理论。这些研究形成汉语二语习得研究一个新的研究领域，为汉语二语教学研究带来新的教学理念。

然而，接受一种新的习得理论，以及教学理念的更新也同样需要一个认识过程。一方面是因为新的习得理论面临许多基本理论问题的挑战，当这一理论尚未成熟，也必然存在一些局限时，学界往往不容易形成共识。另一方面，新的理论为二语教学带来新的教学理念，但要走出传统理论框架下的汉语二语教学的舒适区，尝试新的教学模式同样需要时日。在此，我们仍然有必要再次提及上世纪90年代应用语言学研究领域关于"社会转向"（social turn）的一场争论。这场争论被称作"认知学派"（cognitive approaches）和"社会学派"（social approaches）持续20年的论战。认知学派主张从心理语言学角度看待第二语言习得；社会学派则认为，不仅要从心理语言学角度，而且在本质上应从社会学角度看待第二语言习得。Firth and Wagner（1997）指出，将语言作为一种认知现象，而不是一种社会现象，将语言习得看作个体的技能习得，而不是一种社会技能获得，是第二语言习得研究领域一种强加的传统社会心理学霸权。认知学派反驳，他们所倡导的"输入/互动"方法并没有忽视社交。事实上，学习者之间的互动是学习者接受可理解输入的关键，学习者可以从中推断目标语言的结构。尽管两派在理论观点上存在巨大分歧，但经过这次论争，学者们也达成了一定共识，即承认社会因素在第二语言习得中的重要作用，由此推动了第二语言习得研究的"社会转向"。在汉语二语习得研究领域，"社会转向"的出现则是近几年的事（魏惠琳，2012；闻亭，2013；蒋荣，2013；魏岩军等，2014；魏慧琳，2014；丁存越，2015）。但是，在汉语二语教学领域，尚未出现这一转向。原因是，早期的汉语二语习得研究和二语教学理念主要受结构主义语言学和行为主义心理学的影响，而且一直影响至今。在这些理论的影响下，课堂教学基本上还是传统的听说法占主导地位。正如刘珣教授所言，虽然80年代功能主义的引进为汉语二语教学提供了新理念，但在怎么教的问题上，仍然没有摆脱听说法的桎梏（刘珣，2000：366）。近些年来，尽管汉语二语课堂教学方法不断地花样翻新，但教学理念的创新依然滞后。

尽管如此，在汉语二语习得研究领域，我们仍然看到了以社会文化理论、语言社会化等理论为导向的"社会转向"的出现，而且出现了新的发展趋势。贾琳博士的《社会文化理论视角下的汉语二语习得研究》一书的出版，为汉语二语教学带来新鲜空气，必将进一步促进汉语二语教学理念以及汉语二语教学模式的创新。从书中可以看到，贾琳博士的研究在理论和方法上都做了一些新的尝试和探索。

首先，维果茨基的社会文化心理理论主要是研究人类，特别是儿童的高级心理机能的历史发生和发展，强调社会文化因素在人类独特的认知机能发展中的核心作用，反对认知学派的实验室研究把人变成被动的分析对象。但是，众所周知，21世纪第二语言习得研究出现了一个新时期，即社会与认知相结合的"社会认知转向"。社会认知学派既强调社会文化因素的重要性，同时也不忽视认知因素的重要性，寻求认知因素和社会互动之间的结合和平衡。也正是在这一背景下，贾琳博士的研究尝试在社会文化理论和认知理论之间的融汇和贯通。因而在研究方法上，将维果茨基提出的"发生法"（genetic method）与认知实验方法相结合，从质和量两个维度来考查汉语学习者语言习得的发生和发展。两种方法的结合不仅体现了两种理论的贯通，而且在研究方法上起到了互补的作用。

其次，贾琳博士的研究尝试在基于社会文化理论的汉语二语习得研究与汉语二语教学实践之间搭建桥梁。基于社会文化理论的汉语二语习得研究提出了汉语二语学习和汉语二语教学的新理念。如"调节学习"（mediated learning），"调节学习体验"（mediated learning experience），"调节互动教学"（teaching of mediated interaction）等。这些二语学习和教学新理念为其搭建调节互动教学模式提供了理论基础。并尝试将这一模式运用到汉语二语教学中去。新理念，新方法必然带来新挑战，但是这种走出"舒适区"进行教学模式创新的尝试是值得赞扬和肯定的。

此外，社会文化理论提出的一些理论，如"调节理论"（mediation），"最近发展区"（the zone of proximal development）这些理论建构基本上都是建立在行为观察和心理分析的基础上，而社会文化理论所主张的"发生法"都是建立在现象和理论描述的基础上。"动态评估"（dynamic assessment）也面临效度和信度检验的挑战。因此，这些理论和实践问题，需要以更为广阔的理论视角和新的研究手段交叉验证。贾琳博士在研究的展望中，提出了从认知神经科学的角度探索基于社会文化理论的汉语二语习得研究神经机制。社会文化理论的核心理论是"调节理论"。那么，在社会互动过程中，师生之间是怎样利用调节工具实现知识和技能的传授和习得的？这种调节学习和教学效应的神经机制是什么？从社会平面的"心理间"到个体平面的"心理内"的内化过程是否具有心理现实性和神经表征支撑？这一系列理论问题都有待于从认知神经科学的层面进行验证和探索。脑成像技术的发展，为社会互动和社会认知提供了超扫描技术，在汉语二语习得研究领域，基于超扫描技术的社会认知研究将陆续问世。这些研究将进一步推动社会文化理论的发展，为汉语二语习得研究，为汉语二语教学理念创新和教学实践提供认知神经科学的理论基础和实验依据。

贾琳博士是我的学生，毕业多年，一直专注社会文化理论的研究，孜孜以求，对社会文化理论颇有心得。在新著中，贾琳博士对社会文化理论的探索和教学实验的尝试拓宽了社会文化理论研究的理论视野，搭建了基于社会文化理论的二语习得研究与汉语二语教学实践的桥梁。这些努力和付出值得赞赏。在新著出版之际，向贾琳博士表示由衷的祝贺！并祝贾琳博士在学术研究的道路上百尺竿头，更进一步。

北京语言大学 王建勤

2022 年 6 月 15 日

P 前言
REFACE

　　社会文化理论（Sociocultural Theory of Mind）由苏联著名心理学家列夫•谢•维果茨基（Lev Semënovich Vygotsky，1896—1934）创立，强调社会和历史文化因素在人类高级认知机能发展过程中的核心作用，关注社会互动对获得知识和技能的重要作用，其核心概念包括"调节论""最近发展区理论"等。20世纪80年代，美国学者James P. Lantolf等人将社会文化理论引入第二语言习得研究，系统阐发了Vygotsky的理论以及该理论在第二语言习得中的应用。90年代以来，第二语言习得领域的学者们对社会文化理论的兴趣日益增加，相关研究蓬勃发展。21世纪初以来，社会文化理论视角下的汉语二语习得研究成果开始陆续发表。社会文化理论视角下的第二语言习得研究从社会文化的角度对第二语言习得过程和机制进行阐释，拓宽了第二语言习得研究的理论视野和研究思路，深化了我们对第二语言习得过程与机制的理论认识。基于社会文化理论的第二语言习得研究大多采用"微观发生分析"（the Method of Microgenetic Analysis）等质性分析的研究方法，将质性研究与定量研究相结合，可以弥补单一研究范式的不足。

　　针对社会文化理论视角下汉语二语习得研究相对较少的现状，本书的研究目的是在社会文化理论与汉语二语习得应用实践之间搭建桥梁，从目前汉语二语习得和教学中存在的实际问题出发，以社会文化理论为理论基础，通过质性研究与定量研究相结合的研究方法探索汉语二语习得的规律与机制。本书共分为三大部分：第一部分为理论综述篇，包括三章（第一章、第二章、第三章），主要对社会文化理论及其核心概念"调节论""最近发展区理论"进行系统阐释，并对第二语言习得领域的相关研究进行综述；第二部分为实证研究篇，包括两章（第四章、第五章），主要内容是将"调节论"和"最近发展区理论"应用于汉语二语课堂教学，对汉语二语习得的过程和机制进行实证研究，并在此基础上提出教学建议；第三部分为研究展望篇，包括一章（第六章），旨在将最新的脑科学研究手段应用于汉语二语习得认知与神经机制探索，为揭示语言习得机制提供新思路、新方法。各章的主要内容如下：

第一章：本章首先对第二语言习得研究发生"社会转向"的背景进行介绍，然后从社会文化理论的定义、学科属性、产生背景、内涵、分支理论及其内涵、主要研究方法等方面对社会文化理论进行具体阐释。

第二章：本章首先对社会文化理论的核心概念——"调节论"的主要观点进行阐释，接着从教学中调节工具的使用、系统理论教学法、概念型教学法等方面对"调节论"在第二语言习得研究中的应用进行系统综述。

第三章：本章首先对社会文化理论的核心概念——"最近发展区理论"的主要观点进行阐释，接着从支架教学法、动态评价以及调节学习体验等方面对"最近发展区理论"在第二语言习得研究中的应用进行系统综述。

第四章：在汉语教学的课堂上，教师常采用打手势的方法进行汉语声调教学。打手势的本质是学习者对4个声调的动态调形进行视觉加工，教师将手势作为调节工具来帮助学习者学习汉语声调。本章在"调节论"的基础上，通过4个教学实验来考察打手势这一声调学习调节工具对学习者声调感知和产出的作用及其内在机制，并设计出面向汉语二语学习者的汉语声调教学方案。

第五章：本章在"最近发展区理论"的基础上，通过实验研究，考察调节互动作为一种间接学习方式对学习者口语能力发展的作用，并采用微观发生分析的方法对师生互动的语料进行细致分析，考察学习者从他人调控向自我调控过渡的过程，探索促进或阻碍学习者口语能力发展的机制。

第六章：长期以来，受研究手段的限制，研究者无法对教学过程教师与学生的脑机制进行实证研究。超扫描（hyperscanning）技术的出现使研究者能够在社会互动的情境下同时考察两人或多人的脑活动及其相互关系。本章首先对功能性核磁共振成像（Functional Magnetic Resonance Imaging，fMRI）超扫描技术、脑电（Electroencephalogram，EEG）超扫描技术、脑磁图（Magnetoencephalography，MEG）超扫描技术以及功能性近红外光谱成像（Functional Near-infrared Spectroscopy，fNIRS）超扫描技术在社会互动脑机制研究中的应用进行介绍，然后以社会文化理论为理论基础，采用跨学科的研究方法，综合运用行为实验、质性分析和功能性近红外光谱成像超扫描技术对汉语二语课堂互动认知与神经机制进行探索，并对未来的研究方向提出建议。

贾琳

2022 年 4 月

C目录
ONTENTS

第一部分 >>>

理论综述篇

第一章 社会文化理论的内涵

第一节 第二语言习得研究的"社会转向"

学习者的语言能力是第二语言习得、教学和测试领域共同关心的话题。从语言习得的角度看，除了关心语言能力的本质和结构之外，该领域的研究者同时还关心语言能力的发展，希望通过了解语言能力的发展过程来促进学习者语言能力的习得。从语言教学的角度看，了解了语言能力的本质、结构和发展过程，才能制定相应的教学方法，提高教学效率。从语言测试的角度看，任何一种测试都要解决"测什么"和"怎么测"的问题。"测什么"其实就是给语言能力下一个定义来作为测试的构念，"怎么测"就是用什么手段和任务来测。只有明确了"测什么"，才能在此基础上解决"怎么测"的问题。

语言能力的本质是什么？语言能力的结构是什么样的？如何看待语言能力的获得与发展过程？在不同时期、不同理论视角下，学者们对上述问题的答案也不同，不同理论学派对于语言习得的过程与机制都有自己的观点。本节梳理和分析了不同理论视角下的语言能力观，并在此基础上着重探讨第二语言习得研究的"社会转向"以及社会文化理论视角下的语言能力观，以期深化对语言能力的本质、结构、获得与发展过程的认识。

二十世纪五六十年代，结构主义语言学认为语言能力是语言成分（音位、词法、句法、词汇）和语言技能（听、说、读、写）的总和。结构主义语言学一般只研究语言的内部规律，不重视研究人为什么会具有语言能力以及人的语言能力是一种什么东西（张凯，1993）。由于该理论不涉及语言能力，只能借助心理学理论（行为主义心理学）来解释语言能力的获得和形成。行为主义学派把语言习得看作是"刺激—反应—强化—形成新习惯"的过程，把人的语言习得等同于动物通过刺激反应形成新习惯的机械学习过程，忽视了人的主观能动性。

　　语言学界对语言能力的研究始于乔姆斯基。二十世纪七八十年代，受乔姆斯基的普遍语法理论影响，心灵学派（mentalist）主要关注学习者内在的语言习得机制（Language Acquisition Device），把第二语言习得的过程看作是参数重设（parameter-resetting）的过程（White，1989），以此来解释语言能力的获得与发展。乔姆斯基认为儿童具有先天的语言习得机制，通过这种机制语法得以内化，并成为构成理解和产生语言的"语言学能力"的基础。这种语言能力具有普遍性，儿童能在任何语言环境下习得任何语言（徐式婧，2009）。这是语言学研究跳出结构主义框架的一个标志（张凯，1993），但是这种涉及语言能力的理论抽象地对理想事物进行论述，没有把社会文化因素作为其描述的内容（Hymes，1972）。Oller（1979）反对把语言能力看作语言成分和语言技能的结合。他认为语言能力根本没有结构，而是一种单一的不可再分的能力。Oller的测验强调语境的作用，采用简单实用的听写和完形填空的形式，其在语言能力问题上所做的探讨在当时是比较领先的（王佶旻，2011）。然而，Hughes（1989）指出，Oller虽然用了大量实证性数据来支持自己的假说，但最终这一假说还是被证实是错误的。

　　20世纪70年代以来，社会语言学有了突飞猛进的发展，社会语言学家Hymes的交际理论、Halliday的功能主义等理论对语言教学和语言测验产生了极大的影响。二十世纪八九十年代，受社会语言学的影响，人们提出了很多关于交际能力的理论模型，其中Bachman（1990）提出的语言交际能力理论模型最具代表性。Bachman认为语言能力不是一种单一的能力，而是由几个既有区别又有联系的能力构成的，既包括语言知识，也包括在语言交际情境中恰如其分地运用这些知识的能力。语言交际能力（Communicative Language Ability）模型由语言能力、策略能力和心理生理运动机制三部分组成。Bachman的定义不是把语言能力当作一个个孤立成分的简单拼合，而是把它们看作相互联系、相互作用的有机体（陈宏，1996）。但随着形势的不断发展，交际能力观的缺陷已经越来越明显，陈开顺（2002）从认知的角度指出该理论存在对语言能力的定义不清、忽视语言技能、忽视知识结构的自动性等问题。

20世纪80年代，认知心理学派认为语言能力与一般认知能力没有本质差别。学习语言如同学习其他复杂的认知活动一样，都是从具体的事物中提炼出抽象结构或图式。就第二语言学习者的口语能力来说，是以一般的认知能力为基础，通过语言的使用和语言经验的积累而浮现的，是认知加工能力发展到一定阶段的结果（胡伟杰，2014）。语言口语能力的发展是语言认知加工效率和认知加工能力的提升过程，是语言认知加工自动化的过程。上述观点加深了我们对语言能力的认识，但这些观点大都将学习者的语言能力看作是静态的，忽略了学习者能力的动态发展以及社会文化环境在语言能力的形成与发展中发挥的作用。认知学派（cognitivisim）基于信息加工理论，提出了著名的"计算机隐喻"（metaphor of computer），把第二语言习得的过程看作是信息加工的过程。这一学派否认心灵学派所说的特殊的语言习得机制的存在，认为语言学习机制与一般的认知加工机制是相同的。

20世纪90年代，受社会语言学的影响，应用语言学研究出现了"社会转向"（Block，2003）。这一社会转向主要受"社会建构主义""社会文化理论"以及"后结构主义"的影响。其中，苏联心理学家维果茨基的"社会文化理论"对第二语言习得的影响较大。"调节"（mediation）是社会文化理论的核心概念。社会文化理论认为人类高级形式的心理活动都是经过调节的（Lantolf，2000），人并不是直接作用于客观对象，而是通过一定的工具进行的。就二语习得来说，语言输入和习得之间不是简单的线性因果关系，而是需要借助语言这一符号工具（semiotic artifacts）的调节功能才能实现，语言习得的发生有赖于调节工具的中介作用，这一观点正是社会文化理论对解释语言习得过程和机制的伟大贡献（王建勤，2019）。在社会文化理论的影响下，二语习得研究出现了"社会转向"，形成了第二语言习得研究的社会文化视角，社会文化理论的引入拓宽了第二语言习得研究的视野，为解释语言习得的过程与机制提供了新的理论视角。按照这一理论，社会文化环境在语言习得和认知发展中起重要作用，第二语言习得过程是由社会化到学习者个体内在心理机能获得的过程（王建勤，2019）。该理论认为学习者的语言能力不仅包括学习者已有的语言能力，即学习者可以独立进行语言交际的能力，还包括学习者潜在的语言能力，在二者之间还存在着一种正在形成的语言能力，即学习者需要在他人的帮助下才能完成交际的能力。Vygotsky（1998）指出，把儿童独立解决问题的能力作为衡量其心理机能的唯一有效指标是不正确的，它揭示的只是儿童心理发展的部分机能，即他的实际发展水平。评估儿童的实际发展水平不仅没有反映其发展全貌，而且常常包含的是不重要的部分。儿童对于成人或同伴给予的帮助所做出的反应是儿童认知能力一种不可或缺的特征，因为它能够预测儿童未来的发展态势，也就是说，现在儿童在他人帮助之下能够做什么，未来他就能够独立完成什么。这一理论将语言能力看作一个动态发展的过程，强调社会互动是语言能力获得和发展的源泉，为我们探索语言能力的本质、结构、获得与发展过程提供了新的理论视角。

第二节　社会文化理论的主要内容

社会文化理论（Sociocultural Theory of Mind，SCT）是在苏联著名心理学家列夫·谢·维果茨基（Lev Semënovich Vygotsky）（1896—1934）所提出的儿童认知发展理论——文化历史心理学（Cultural-historical Psychology）的基础上发展而来的。20世纪80年代，美国学者James P. Lantolf将Vygotsky的社会文化理论引入第二语言习得研究领域，系统阐发了Vygotsky的理论以及该理论在第二语言习得中的应用。社会文化理论是研究人类高级心理机能发展的理论，特别强调社会文化因素在人类独特的认知机能发展中的核心作用（Lantolf and Thorne，2006；王建勤，2009）。社会文化理论不是关于社会或文化的理论，也不是语言学理论，而是关于人类认知发展的心理学理论，因此，有国外学者主张使用"社会文化心理理论"（the sociocultural theory of mind）这一名称来凸显该理论的学科属性。但目前国内大多数学者采用的是"社会文化理论"这一名称，这一表述更简洁，同时也不会引起歧义，因此我们沿用了这一名称。本节主要从社会文化理论的主要分支理论、主要研究方法等方面对社会文化理论的主要内容进行介绍。

一、主要分支理论

"调节"（Mediation）是社会文化理论的核心概念。Vygotsky（1987）认为人类不是直接作用于客观世界，而是通过调节工具间接地改造客观世界。下面介绍社会文化理论的主要分支理论——调节论和最近发展区（Zone of Proximal Development，简称ZPD）理论。

（一）调节论

在历史上，人类为了适应外部世界，一方面会顺应自然规律，另一方面也会尝试控制和征服自然，这就导致了工具的发明和创造。比如铁锹、铁铲，都是人们用来改造客观世界的工具。Vygotsky认为正如人们利用上述技术性工具来操控环境一样，人们利用"心理工具"（psychological tools）来指导和控制自己的身体和心理行为。人类的心理活动和社会文化活动是紧密结合在一起的，不同于技术性工具的外部指向。"心理工具"指向主体内部，其目标在于引起他人或自己行为的改变。我们每天都在使用"心理工具"，比如记忆技巧、代数符号、图表、计划、语言等。在这些工具中，语言是最重要的调节工具，是连接社会和个体的桥梁（王建勤，2009）。

人与外部世界有两种联系方式。一种是直接的，比如面对突然迎面飞来的足球，我们会下意识移动身体来躲避。另一种是间接的，比如一只蜜蜂在我们的头顶盘旋，我们可以用手去驱赶它。但是还有一种解决办法，就是我们回忆起书本上的知识，把面前的花拿走了，于是蜜蜂也就跟着走了。这样一来，我们和蜜蜂之间的关系不再是直接的，而是受到了"书本上的知识"

这一调节工具的调节。"书本上的知识"是人类经过世世代代积淀的文化产物。文化产物、概念和活动，都是调节工具。它们在调节人类活动的同时，也从根本上改变了人类的心理结构，使人类与其他动物区分开来，形成了人类特有的高级的、被调节的心理机能，人类的认知能力也因此得以发展。以不同年龄的儿童完成图形旋转任务为例。年龄较小的儿童需要借助实物，比如借助一个魔方才能完成；年龄稍大的儿童依靠纸笔便能完成；而年龄更大些的儿童则不需要借助实物和纸笔，依靠心像旋转的方式便能完成这一任务。通过调节工具不但可以看出儿童所处的认知发展阶段，而且正是因为有了调节工具的调节，儿童的认知能力才得以不断发展。

Vygotsky认为儿童发展过程中的任何机能都会出现两次，或者说在两个层面上出现。首先，出现于社会平面，也就是人与人之间，属于心理间范畴；然后出现在心理平面，也就是个体内部，属于心理内范畴。人类心理机能的发展要经历由心理间（Interpsychological Plane）到心理内（Intrapsychological Plane）的过程，社会文化理论将这一过程称为"内化"。从儿童的认知发展过程来看，儿童是在社会环境中和他人交流，学会知识与技能的。儿童的认知从被环境左右的"客体调控"（object-regulation）阶段，逐渐发展到需要别人协助的"他人调控"（other-regulation）阶段，最后发展到"自我调控"（self-regulation）阶段。在这一过程中，起调节作用的语言也从社会言语（social speech）发展到个体话语（private speech），又进一步发展为内在言语（inner speech）。以第二语言学习者为例，社会言语具有明显的社会性和交际性，也就是我和你之间的对话。个体话语是在学习者还没有完全掌握一门语言时的自言自语，是学习者用语言作为调节工具来调节自己的思维，是自己和自己之间的对话。随着学习者语言水平的提高，个体话语逐渐消失，转化为内在言语，变成学习者思维的一部分。

（二）最近发展区理论

最近发展区理论认为学习者的语言能力包括两个层面的发展水平：实际发展水平和潜在发展水平。实际发展水平是指学习者独立完成任务时可以达到的水平，而潜在发展水平是指学习者在他人帮助下可以达到的水平，二者之间的距离就是学习者的最近发展区。Vygotsky（1956）曾举例说："假设我们对两个心理年龄同为七岁的儿童进行考察，面对超出他们年龄的任务时，在提供示范等帮助的情况下，其中一个儿童能够轻松达到九岁儿童的发展水平，而另一个儿童只能达到七岁半儿童的发展水平。"这两个儿童的能力相同吗？如果只看他们独立完成任务时的表现，他们的能力是相同的，但如果进一步看他们在他人帮助下的表现，他们的能力又存在较大的差异（Wertsch，1985）。社会文化理论认为，要想充分评价个体的发展，不能只看他处于心理内的能力（intrapsychological ability），还要揭示他位于心理间的潜力（interpsychological capacity），也就是位于最近发展区中的能力（Lantolf and Poehner，2004）。

二、主要研究方法

Vygotsky 认为，传统的心理学研究方法，比如内省法、反应时实验法，只可用于研究低级的生物性功能，并不适用于研究高级的、文化构建的思维形式（Lantolf and Thorne，2006）。他指出，人类的高级认知机能是在参与社会文化活动的过程中，通过人类社会文化构建的工具调节而发展起来的，所以对其形成发展的过程一定要采用发生学的方法进行研究。Vygotsky 反对实验室研究把人变成惰性的分析对象，而不是使他们像真正的主体那样控制自己的心理活动。为了把他的心理语言学研究方法与表型（phenotypic）研究方法区分开来，Vygotsky 创造了发生法（genetic method）。这是一种发生学研究方法，重在理解而非预测心理机能。发生法是通过揭露心理机能的产生和发展来理解心理过程的。尽管他认为描述性研究是必要的，但坚持认为用发生法分析是不可或缺的，只有通过发生学方法才能考虑到现象下的内在工作机制和因果关系。在 Vygotsky 看来，发生学研究方法包括以下四个领域：种系发生（phylogenesis）、社会文化历史（sociocultural history）、个体发生（ontogenesis）和微观发生（microgenesis）。

　　种系发生从研究类人猿等高级动物在使用工具等方面与人类的差别入手，发现只有人类才能使用文化产物（包括物质工具和符号工具）来调节自己的思维和行为。人类这一独特能力的形成与发展的根本原因在于种系发生。虽然大多数灵长类动物都会利用工具，但是它们不会像人类一样有意识地制造和使用工具，同时，灵长类动物虽然有自己的交流方式，但是不会像人类那样使用符号工具，特别是使用语言进行交际和思考。

　　社会文化历史分析关注从古到今人类社会创造出来的文化产物是如何影响人类的认知发展的。人类社会所创造的工具不仅仅是简单的物质工具，更重要的是，这些工具都是经过世世代代文化积淀而创造出来的，即文化产物（artifacts）。

　　个体发生关注个体如何利用语言等调节工具来促进自己的认知发展，Vygotsky设计了一系列实验来追踪儿童如何利用和整合符号工具调节自己的认知和思维，来完成自己能力之外的任务。

　　除了分析儿童的个体发生过程，Vygotsky还提出了微观发生分析，对几个星期、几天甚至几秒的时间内个体心理机能上的变化进行分析。它的优势在于，让研究者有机会观察到变化的根源（Wertsch and Stone，1978）。通过观察研究对象在不同阶段的变化，研究者可以更好地识别逐步发生的变化，也能够更直接、更合理地解释变化发生的原因（周丹丹，2012）。在微观发生分析中，Vygotsky指出研究者应该放弃事前的训练环节，为被试提供最少的指导，给他们一些辅助手段来帮助他们完成任务。通过观察被试如何利用语言等辅助性工具来完成任务，考察被试的认知发展过程。在此基础上可以通过增加难度或者中途打断等方式观察被试的心理过程。比如说，请被试看到红灯时用左手按键，看到绿灯时用右手按键，他们常常没什么困难。但是如果增加难度，让被试根据红灯绿灯出现的顺序有时按键，有时伸出一根手指，他们便会通过语言来外化他们的心理指令。这样一来，研究者就能够看到被试完成这一任务时的心理过程。

第二章　调节论与第二语言习得研究

调节论是社会文化理论的重要组成部分。本章首先对调节论的主要观点进行阐释，接着从教学中调节工具的使用、系统理论教学法、概念型教学法等方面对调节论在第二语言习得研究中的应用进行介绍。

第一节　调节论的主要观点

Vygotsky（1987）认为，在历史上人们为了适应外部世界，一方面会顺应自然规律，另一方面也会尝试控制和征服自然。控制自然这一需要导致了工具、技术和机械的发明和创造。工具使得个体与其他个体共同合作，并根据个体自己的动机和目标来塑造这个世界，这就改变了世界发展的进程。Vygotsky通过一个类比延伸了工具性调节的含义。他将技术、机械工具的作用与他所谓的"心理工具"的作用进行类比。心理工具是文化产物（artifacts），包括记忆技巧、代数符号、图表、计划以及语言。这些工具都是个体心理活动的调节者（mediator）。Vygotsky认为正如人们用技术性工具操控环境一样，人们用心理工具来指导和控制自己的身体和心理行为。在这些工具中，语言是最重要的调节工具，是连接社会和个体的桥梁（王建勤，2009）。Vygotsky认为，人类的心理活动和社会文化活动是紧密结合在一起的，不同于技术性工具的外部指向，符号化工具指向主体内部，其目标在于引起他人或自己行为的改变。在"刺激—反应"模式中，刺激A和刺激B通过直接的纽带相连，比如想要记住一个人的电话号码，我们会不断地重复，直到次数足够多，像盖章一样把电话号码直接印在记忆里。但在通过符号化工具调节的记忆中，刺激A和刺激B不再直接相连，而是通过新的纽带X联系起来，这意味着一条新的路径建立起来。这一新的纽带对于要完成的目标来说起到了调节作用，正如我们用笔和纸记下我们要记住的电话号码一样。如图1所示，人与世界、外部环境的联系是间接的、受调节的（如图2-1实线所示）。正是这种间接的、受调节的关系将人类与其他动物区分开来（Lantolf and Thorne，2006）。在辅助工具调节人的活动的同时，人的心理结构发生了本质变化，形成了人类特有的高级的、被调节的心理机能，即认知发展。

图2-1 人类与外部环境的调节关系

注：Lantolf and Thorne，2006

基于符号工具的调节作用，Vygotsky提出了"双重刺激"（Double Stimulation）的概念。所谓"双重刺激"，一个是指给学习者提供的待解决的认知任务或目标；另一个是指起调节作用的辅助工具，即符号工具（王建勤，2019）。Vygotsky（1987）曾经做过一个"颜色词命名禁止"（Forbidden Color）实验。该实验要求2~8岁的儿童回答与家庭相关的物体颜色，但是禁止说出特定的颜色，而且不能重复已经说过的颜色。为了帮助儿童完成这一复杂的认知任务，儿童可以用带颜色的卡片作为辅助工具。结果发现，年龄较小的儿童还不能利用卡片和语言来完成这一任务；年龄稍大一点的儿童则可以利用带颜色的卡片来避免说出特定颜色词，且不需要借助卡片，以语言作为调节工具便可以完成这一认知任务。这一研究表明知识的内化和人的认知发展有赖于学习者所依赖的调节工具从物质化（materialization）向符号化（conceptualization）不断靠近，只有从具体变为抽象，在学习者内部建立起了心理表征，内化过程才算完成。

社会文化理论认为人类心理机能的发展要经历由心理间（Interpsychological

Plane）到心理内（Intrapsychological Plane）的过程。由于Vygotsky研究的是儿童心理的发展，所以调节论早期主要用于解释儿童的认知发展。从儿童的认知发展过程来看，儿童是在社会环境中和他人交流、学会知识与技能的。儿童的认知从被环境左右的客体调控阶段，发展到需要别人协助的他人调控阶段，最后发展到自我调控阶段。王建勤（2009）认为对第二语言学习者来说，学习的过程也是在辅助工具的调节下实现自我调控的过程。学习者通过与目的语者交流，参与外部的社会文化活动，不断地将外在的语言形式内化，直到成为自己思维的一部分。蒋荣（2013）考察了不同调控方式对非汉字文化圈的汉语学习者词汇习得的影响。结果表明，初级水平的汉语学习者主要依靠客体调控和他人调控；中级水平学习者他人调控和自我调控的能力虽然有所增强，但仍处于客体调控或他人调控的阶段；高级水平学习者已经实现了自我调控。

第二节　调节论在第二语言习得研究中的应用

本节主要探讨调节工具对学习者二语能力发展的作用，并介绍基于调节论产生的教学法——系统理论教学法以及概念型教学法。

一、调节工具

下面首先介绍以物化工具作为调节工具的相关研究，接着介绍以手势、图式和语言等符号化工具作为调节工具的研究。

（一）以物化工具作为调节工具

已有研究中以物化工具作为调节工具的研究不多，Serrano-Lopez and Poehner（2008）通过3D黏土模型使语言概念物质化（materialization），促进西班牙语作为二语的大学生方位介词的习得。研究将学习者分为三组：实验组1——通过正式的授课和给定的写作练习来介绍方位介词的概念，让学生做这些概念的3D黏土模型；实验组2——通过正式的授课和给定的写作练习来介绍方位介词的概念，学生不做3D黏土模型；控制组——无训练。结果发现实验组1的被试习得效果最好，通过用黏土制作相应方位介词的模型促进了学习者对方位介词的习得。

（二）以手势作为调节工具

Smotrova（2017）考察了在二语超音段特征教与学的过程中教师和学生使用的手势，对美国某大学英语强化项目中入门级阅读课堂上的互动进行了录像和微观发生分析。结果表明，教师将手势作为一种教学工具，可以帮助学生辨别和产出音节、重音和节奏。反复使用的手势让学生能够看到并体验到原本看不见、摸不着的语音。学生通过创造性的模仿来内化教师的手势，并将手势作为一种学习工具，逐步增加对二语语音超音段特征的掌控。该研究对教师在教学中采用的手势和学生对教师手势的回应进行了微观发生分析。教师鼓励学生在掌握语音的过程中使用这些手势，于是学生通过模仿教师将手势变为自己的学习工具。通过创造性的模仿，学生可以掌握语音。程度较高的互动一致性是同化（alignment）的重要标志，也是学习的一个重要手段。隐喻式的手势将抽象的音节看作具体的物质化的东西，让音节能被看得见，并且可以数个数。结果发现通过创造性的模仿，一方面，学生内化了教师的手势，并将这些手势作为学习工具，帮助自己辨别和产出音节、重音和节奏；另一方面，学生的手势可以反映出他们对语音的理解程度，而这些不同程度的理解很难从他们的口头表达中看出来。该研究提出以下教学策略建议：第一，使用教学手势让语音现象可视化。通过教学手势把语音现象表现出来。第二，重复使用手势，保证教师的教学技巧保持前后一致性和连贯性。第三，在具体的教学任务中，指导学生模仿教师的手势，并在需要的时候和教师同步使用这些手势。第四，关注学生的手势。这些手势可以传达学生的理解程度，而这些在口语表达中很难看到。该研究对第二语言教学的启示在于，教师在第二语言语音教学中应重视手势作为调节工具的教学用途，同时对学生的手势保持敏感。

（三）以图式作为调节工具

Negueruela（2003）的研究发现，在教师指导下使用完整的行为导向图式（Scheme of Complete Orienting Basis for an Action，简称SCOBA）可有效提高学习者的概念理解和语言表达。表明这种教学手段有助于语言的学习。但是该研究只选取了一组被试，没有控制组作为参照，同时缺少对技能的考察。

Lai（2012）通过行为导向图式教授英语母语者中文的时间概念体系，尝试将中文的时间概念与空间方位联系起来。被试分为实验组、控制组1和控制组2三组。其中实验组被试为初级水平学习者，教授汉语"时间词语"和体标记；控制组1为初级水平学习者，只教授"时间词语"；控制组2为中级水平学习者，采用传统的教学方法。结果发现，经过一个学期的学习，在"时间词语"上，实验组被试的表现明显好于控制组1；在体标记上，实验组被试和控制组2的表现没有明显差异。由于控制组2被试为中级水平学习者，这表明通过学习，实验组被试的表现达到了中级学习者的水平。

（四）以语言作为调节工具

Poehner等（2015、2017）提出调节发展（Mediated Development）的概念，强调通过调节者和学习者之间的对话式调节，引导学习者掌握基于概念的教学材料，并把它作为思考的符号化工具。研究考察了学习者在英语写作中对"时"和"体"的运用。采取一对一的师生辅导形式，共五次辅导，每周一次。第一次辅导中，调节者通过图式向学习者讲解"时""体"的概念，用外化、物化的工具来帮助思考。之后的四次辅导中，学习者提前写好一篇作文。调节者和学习者利用图式对文中"时""体"方面的问题进行修改，并用对话式调节的方式帮助学习者将外化的概念符号化、心像化。

二、系统理论教学法

系统理论教学法（System-theoretical Instruction，简称STI）是由苏联心理学家Gal'perin（1979）提出的。Gal'perin发展了Vygotsky的教育教学

建议，建立了一套与传统教学不同的教学方法。这一方法希望通过提供高质量的认知工具，对认知发展产生直接影响（Arievitch and Stetsenko，2000）。系统理论教学法的提出源于第二语言习得领域对外显知识和内隐知识是否能够转化这一问题的争论。为解决这一问题，Gal'perin等学者将Vygotsky的理论与教学实践结合起来，形成了系统理论教学法。该理论的核心是科学概念的内化（Lantolf and Thorne，2006）。系统理论教学法遵循以下教学原则：①以概念作为教学活动的单位；②通过图片、图表或实物等学习辅助手段将学习内容精确地物质化；③在学习过程中将概念言语化。

　　系统理论教学法强调物质化和言语化都是教学过程中必不可少的环节。言语化的目的是帮助实现科学概念的内化。这一教学法强调，要给学习者提供合适的行动方向基础（Orienting Basis of an Action，简称OBA）作为调节他们活动的方式，因为它可以将概念知识和具体的认知或交际任务相联系。在第二语言教学中，概念知识作为构成意义的文化产物必须与具体的口头或书面交际活动相联系（魏梅，2011）。Carpay（1974）、Van Parreren（1975）等研究将系统理论教学法应用到第二语言课堂教学中，得到了很好的教学效果。Carpay（1974）使用系统理论教学法教授荷兰学习者俄语中动词的"体"。实验历时3个小时，实验结果表明学习者在关于完成体和未完成体的语法判断任务中，准确性达到了80%。Van Parreren（1975）对俄罗斯的德语学习者的限定形容词词尾变化学习情况做了研究，获得了与Carpay（1974）一致的结果。黄欢（2018）考察了系统理论教学环境下汉语二语学习者语言知识和技能的习得情况。该研究通过教学实验比较了系统理论教学法（实验组）、听说法（对照组）、无教学（控制组）3种条件下，学习者汉语动结式语言知识和口语技能习得的情况。实验结果表明，系统理论教学法有效促进了学习者语言知识和口语技能的提高，并且效果显著好于听说法。

三、概念型教学法

　　Lantolf等学者将Gal'perin的系统理论教学理念应用到第二语言教学

中，发展形成了概念型教学法（Concept-Based Instruction，简称CBI）。概念型教学法将语言概念作为第二语言教学的基本单位（Lantolf，2011），例如语法的时、体、情态、被动语态等。该教学法认为概念是以语言为符号的最重要的调节工具，既是行为的单位，又是思维的单位（Prawat，2000）。传统的第二语言教学将一个概念分解为若干碎片，零星地、分散地教给学生，学生难以将其概念化，难以形成系统的概念化知识体系。概念型教学法通过教授学生系统的、科学的语言概念，帮助学生建立概念化知识体系，改变了传统教学方法下形成孤立的、简单的语法规则体系的情况。

概念型教学法主张在语法教学中采用显性教学方式。教学应从语言概念出发，先为学生提供概念的科学解释，然后再开展对概念的理解与运用的教学，目的在于提高学生对于具体概念范畴的意识和控制。Lantolf and Thorne（2006）特别强调，概念型教学法中的科学概念是一种特殊的显性知识，不是一般的经验规则（Rule of Thumb）。同时，概念型教学法认为，教师在教授新概念时，通过目的语与母语的比较，可以使学生清晰地了解两种语言的异同，以便促进目的语概念化知识的建立。Slobin（2003）指出母语的概念系统会在无意识状态下影响第二语言学习。因此，只有通过有意识地比较，学生才有可能注意到两种语言在概念体系上的差异。同时，概念型教学法保护学习者使用母语调控自己学习的权利，因为母语作为重要的语言调节工具，可以调节学习者目的语概念的内化（文秋芳，2013）。

在课堂教学中，概念型教学法主要包括解释、概念物质化、交际活动、言语化、内化五个教学步骤（Lantolf，2011）。第一步是解释（Explanation），教师向学习者提供对目的语中语言概念系统、正确、科学的解释。必要时，可以与第一语言中的概念进行对比；第二步是概念物质化（Materialization），通过图片、图表或实物等学习辅助手段将抽象的语言概念具体化，帮助学习者内化概念，给学习者提供完整的行为导向基础（Scheme of Complete Orienting Basis for an Action，简称SCOBAs）；第三步是交际活动（Communicative Activities）。交际活动可以是多种多样的，包括基于课文的对话、写作活动或情景表演，或者使用语言完成某一项具体任务等，目标是使学习者能够运用SCOBAs来理解概念并完成交际活动；第四步是言语化（Verbalization），请学习者解释自己对概念的理解，以及如何使用语言概念，目标是促进学习者将物化的语言概念变为语言符号，以语言符号的形式在大脑中形成表征；第五步是内化（Internalization），这是概念型教学的最后一步，学习者完成对教授概念的内化，能够离开物质化调节工具和言语化的帮助而准确地运用概念，实现从客体调控、他人调控向自我调控的转变。

Negueruela（2003、2008）率先将概念型教学法应用于第二语言教学。Negueruela（2003）在对系统理论教学法进行改进后，将其应用于一个为期16周的高级水平西班牙语语法与写作课程中。该课程由12名学习者组成。Negueruela分别使用概念相关特征分析（Conceptual Interrelated Feature Analysis）、概念语法分布（Conceptual Grammatical Distribution）和概念作为内化工具（Concept as Tools for Internalization）3种分析方法对以下3类数据进行详细分析以考察第二语言发展的复杂过程：①在课程中收集到的关于语法概念的定义；②自然书面和口语产出；③学习者向主试解释某一具体的语法特征的相关言语表述。分析结果表明，系统理论教学方法能够有效促进学习者第二语言的发展，帮助学习者提升对第二语言的意识和控制水平。这一教学方法促进了学习者对于复杂语法意义的理解和内化，使学习者能够创造性地在书面或口语自然产出中使用相关语法结构。

Beus（2013）考察了概念型教学法对西班牙语语气选择能力发展的作用。实验将学习者在前测、后测中语法形式使用和概念解释上的得分进行比较，考察了基于概念和基于经验规则的语法解释两种方法对学习者选择恰当语气能力的不同作用。实验结果表明，尽管定量与定性分析都表明学习者在接受概念型教学法之后，选择适当语气的能力得到了提高，但是基于概念的解释并不能保证学习者总是做出正确的选择，有时也会导致学习者做出错误的选择。

Liu and Zhang（2014）考察了概念型教学法在一个为期5周的针对议论文结构的写作项目中的教学效果。实验对比了概念型教学法和传统教学方法，实验组采用概念型教学法，遵循从抽象到具体的原则，按照面对问题、产出概念模型、修正概念模型、应用概念模型4个教学步骤进行。而控制组则采用传统的教学方法，按照从具体到抽象的顺序进行学习。实验结果表明，实验组的概念型教学法能够有效促进学习者知识内化。

相关学者（Van Compernolle，2011；Van Compernolle and Williams，2011；Van Compernolle，2013；Van Compernolle，2014；Van Compernolle and Henery，2014）将概念教学法应用于第二语言语用教学中，提出"基于概念的语用教学法"（Concept-Based Pragmatics Instruction）。Van Compernolle（2011）考察了科学概念作为调节工具对中级水平法语学习者语用知识发展的作用。研究采用微观发生分析法，对学习者在前测和后测中调查问卷、面试，以及教学过程各环节的口语产出进行了详细分析。分析结果表明，概念教学促进了学习者对法语第二人称代词系统的理解。在Van Compernolle（2011）研究的基础上，Van Compernolle and Henery（2014）将基于概念的语用教学法应用于为期一学期的法语课堂，研究结果与Van Compernolle（2011）一致，概念学习加深了学习者对法语中第二人称代词tu和vous的理解，使学习者能够使用相关概念调节自己的语言表达。

在汉语作为第二语言的教学研究领域，运用概念型教学法的比较少。Lai（2012）使用概念型教学法教授汉语学习者时间—空间概念的表达。研究者将学习者分为实验组、控制组1和控制组2三组，其中对实验组和控制组1都采用概念型教学法，区别在于实验组被教授汉语"时间词语"和体标记，而控制组1只被教授时间词语。对控制组2采用传统的教学方法，学习内容与教学大纲、课本安排一致。经过一个学期的学习，通过比较三组学习者在写作、翻译和短剧表演等语言产出任务中的表现，研究者发现采用概念型教学法，学习者能够掌握复杂的语言概念；此外，与传统的教学内容相比，系统的语言概念学习能够有效促进学习者第二语言能力的发展。在

Lai（2012）的研究基础上，樊梦婕（2016）将概念作为第二语言语法教学的单位和学习者语言学习的调节工具，考察基于概念的调节对于学习者语言知识与技能习得的作用。该研究通过教学实验比较了概念调节组、样例调节组和无调节组学习者对汉语体标记"了"的习得情况，并采用微观发生分析法，通过观察和记录学习者在概念调节过程中出现的"语言相关片段"（Language-Related Episodes），考察概念调节促进语言知识和口语技能习得的机制。研究结果表明，概念调节能够促进不同汉语水平的第二语言学习者语言知识与口语技能的获得，效果好于样例调节。学习者通过概念调节、例句调节、概念物质化、母语比较、语言调节和同伴之间搭支架等方式实现知识与技能的获得。

第三章　最近发展区理论与第二语言习得研究

作为社会文化理论的重要组成部分，调节论和最近发展区理论密不可分。调节工具的掌握是学习者能力发展的关键因素，但要想为学习者提供合适、有效的调节工具，就涉及最近发展区理论。本章首先对最近发展区理论的主要观点进行阐释，接着从支架教学法、动态评价以及调节学习体验等方面对最近发展区理论在第二语言习得研究中的应用进行介绍。

第一节　最近发展区理论的主要观点

最近发展区理论认为学习者的语言能力包括实际发展水平和潜在发展水平两个层面。实际发展水平是指学习者独立完成任务时可以达到的水平，潜在发展水平是指学习者在他人帮助下可以达到的水平，二者之间的距离就是学习者的最近发展区。Vygotsky（1998）将最近发展区比作一个花园，这个花园里有的花已经盛开了，还有一些仍是花骨朵。园丁既要照顾已经盛开的花，也要照顾那些即将开放的花骨朵。最近发展区对于教育的巨大实践意义在于，使教学不只针对学习者独立完成任务时的表现，即过去的发展带来的结果，而且针对学习者正在形成的能力，反映在学习者与他人合作完成任务的过程中。Vygotsky（1978）提倡从两个维度对学习者能力进行评价：一方面看学习者的实际发展区，即学习者的已有能力；另一方面看学习者位于最近发展区内正在形成的能力，即学习者的学习潜能。Vygotsky（1998）认为，传统心理测量告诉人们的是显而易见的东西，就像一个处方，只告知这个人是健康还是不健康。他认为，真正的处方应该揭示问题的根源并提供一个解决问题的方案。Lantolf and Poehner（2010）指出，最近发展区不仅是理论的透镜，还是教学法的中心。最近发展区（见图3-1）不是预先设定的，它的有无、大小取决于师生或同伴间的共同构建。理论上，通过最近发展区，我们可以了解到学习者已经形成的能力，以及正在形成的能力（Vygotsky，1978）。教学实践上借助最近发展区，我们可以诊断学习者的能力，并且可以通过实施干预来促进学习者能力发展。最近发展区是动态变化的，是随着个体的成长而发展的。

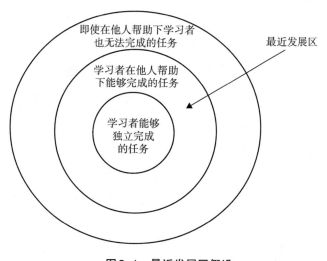

图3-1 最近发展区假设

第二节 最近发展区理论在第二语言习得研究中的应用

最近发展区理论与教学实践联系紧密，下面主要从支架教学法、动态评价、调节学习体验三方面对最近发展区理论在第二语言习得研究中的应用进行介绍。

一、支架教学法

支架（scaffolding）教学法是指在交流和互动中，教师等有经验的人通过指导性的语言帮助学习者发现知识的特征，使学习者克服困难，逐步搭建起自己的知识结构，从合作学习逐步达到独立学习的过程。Vygotsky认为，最近发展区内的语言知识可以在互动中利用"支架"学习法激活。Wood 等（1976）的研究发现"支架"具有以下6个特点：①引起学习者的学习兴趣；②降低学习任务的难度；③帮助学习者始终保持学习目标；④对学习者的语言表达进行评价；⑤控制学习者的焦虑情绪；⑥为学习者提供示例。学习任务过于简单或者老师提供了太多帮助都会阻碍学习者最近发展区的构建，"支架"应该根据学习者的语言水平而定，并且在学习者能够独立完成任务时及时撤出。大部分已有研究关注教师与学生、专家与新手之间的互动，目前越来越多的研究（李丹丽，2014；徐锦芬，2020）开始关注同伴之间的互动。研究结果表明，同伴之间搭"支架"同样能够促进学习者的进步。俗话说"三个臭皮匠顶个诸葛亮"，虽然这里没有专家和教师，但由于不同学习者的语言水平不同、知识结构不同、目标导向不同，通过合作学习，取长补短，互相启发，同样可以促进学习者语言技能的发展。

值得注意的是，虽然支架教学法在很长时间以来都被认为是最近发展区理论的教学实践，我们也选择暂时沿用传统的分类方法，但最新研究（Xi and Lantolf，2020；郗伈，2020；Qin，2022）对支架教学法和最近发展区理论的关系进行了详细阐述。Qin（2022）认为，最近发展区理论和支架理论无论在理论发展根源还是在概念内涵上都有非常大的区别，然而由于在两个理念的发展沿革过程中，一些学者对两者的内涵产生了误解，导致最近发展区理论和支架理论时常被混为一谈。郗伈（2020）指出支架理论最早由 Wood 等（1976）提出，并不属于社会文化理论的概念范畴。"支架"是指特定情形下为辅助学习者完成具体任务而提供的相应帮助，其引导方式、目的与社会文化理论并不相符（Smagorinsky，2018）。"支架"理论着眼于完成当前任务，具有特定的情景性，而社会文化理论中的调节着眼于未来个体发展的潜能，即完成某项特定任务后能被转化为用于完成其他同等或更高难度任务的能力（见表3-1）。

表3-1　支架理论与社会文化理论的区别

概念名称	引导目的	引导方式	引导过程	发展观
支架理论	完成特定任务	取决于引导者解决任务的方式	对任务情景依赖性高	注重眼前任务完成能力
社会文化理论	能力的发展、迁移	取决于学习者的发展潜能	对任务所需能力及个体能力现状的依赖性较高	着眼于未来任务迁移能力

注：郗佼，2020

二、动态评价

如何评价学习者位于最近发展区的能力？如何理解学习者正在形成的能力？如何促进学习者位于最近发展区的能力的成熟和发展？下面要介绍的动态评价将最近发展区的理念成功运用于教学实践，对上述问题进行了回答。

（一）主要内容

1905年，Alfred Binet和他的同事发表了世界上第一个关于儿童智力水平测验的量表。但不久他就认识到，智力测验不应只看结果，还应对儿童的认知过程和学习过程进行评估。尽管当时他对这一想法怀有热情，但始终没有拿出可行的方案（韩宝成，2009）。智力测验从出现之日起就存在很大问题，因为它只能静态地反映个体发展的结果。Buckingham（1921，转引自Lidz，1987）曾指出，智力从教育的观点看，应该被视为一种学习的能力，学习过程和学习产物都应是智力测验的组成部分。Thorndike（1924，转引自Lidz，1987）曾提出测量个体学习能力的重要性。瑞士心理学家Andre Rey在1934年提出通过直接观察学习过程来评价学生的能力。二十世纪五十年代，Piaget关于儿童认知发展的观点和智力评估的过程趋向为动态评价提供了理论上的准备，而真正推动动态评价发展的是Vygotsky提出的社会文化理论，其最近发展区理念是动态评价的核心思想（韩宝成，2009）。静态评价（Static Assessment）的结果只能告诉我们学生已经形成的能力，但通过对最近发展区的分析，我们可以评价学生从与他人互动这一过程中学习的能力。这一能力可以更好地预测学生的学习需求（educational needs）。

Vygotsky 没有提出最近发展区的具体测量方法。在 Vygotsky 去世后的几十年里，最近发展区理论在诊断与干预上的应用在世界范围内引发了一系列教学改革，其中一条线就是关于动态评价的研究（Kozulin and Gindis，2007）。"动态评价"这一术语由 Vygotsky 的同事 Luria（1961）最先提出。20世纪60年代末，心理测量受到批评，动态评价兴起。Luria 是在 Vygotsky 关于缺陷学（defectology）研究框架下讨论动态评价的（Vygotsky，1990）。事实上，大部分动态评价的研究关注的都是有学习困难或发展障碍的儿童。第一批将动态评价的理念付诸实践的是 Budoff and Friedman（1964）。Feuerstein 等（1979）在20世纪70年代末开发出一系列有影响的评价工具，极大地推动了动态评价的研究和发展。近年来，关于动态评价的研究对象涵盖了成人，研究范围扩大到普通教育领域，特别是第二语言教学领域（Poehner and Lantolf，2010）。

动态评价（Dynamic Assessment，简称 DA）是指在评价过程中加入评价者和学生的互动，在有经验的评价者的帮助下探索和发现学生潜在发展能力的评价方式（Lidz，2003）。动态评价将教学与评估视为一个辩证统一的整体。一方面，在评估的过程中加入调节和帮助，能够发现静态评价发现不了的问题，更全面、准确地了解学习者的能力，避免高估或低估学习者的能力；另一方面，在教学的过程中加入评估，可以诊断学习者的问题，做到有的放矢，因材施教。与动态评价相对的是静态评价，也就是我们熟悉的传统测验。受试在规定时间内独立作答，得到的唯一反馈便是试卷的分数。静态评价关注的是已经成熟的能力，而动态评价关注学习者正在形成的能力，并促进这一能力的发展。

在最近发展区理论看来，学习者的能力包括两部分：一部分是已经形成的能力，另一部分是正在形成中的能力。现有测试主要考察学习者已经形成的能力。而只考察学习者已经形成的能力（学习者独立完成任务时的能力）并不全面。在他人帮助下，学习者的表现是正在形成的能力，也就是学习者有待开发的学习潜能。Vygotsky 建议通过比较学习者的独立表现和在他人帮助下的表现来刻画学习者的最近发展区，并指出对学习者最近发展区的评价需要具备以下特点：关注教师与学习者之间的互动过程、关注学习者正在形成的机能、关注学习者的获益分数（gain score）。获益分数可通过对比学习者独立完成任务时的表现和在他人帮助下的表现得出（Kozulin and Garb，2002），但是 Vygotsky 没有提出具体测量最近发展区的方法。在此基础上，Sternberg and Grigorenko（2002）指出，要想量化学习者在动态评价中的表现，就要报告独立完成任务时的得分和调节后的得分（mediated scores）。另外，有学者提出独立完成任务时的表现与他人调节下的表现二者之间的差异可以反映学习潜能（learning potential）这一构念。为了量化学习者的学习潜能，Kozulin and Garb（2002）将动态评价程序引入英语作为第二语言的阅读教学中，研究对象为23名没有通过高中英语考试的学生，旨在提高他们的阅读策略。该研究采用"前测—调节—后测"的范式考察了学习者英语阅读学习的情况，制定了一种叫做学习潜能分数（Learning Potential Score，简称LPS）的公式（如下）来量化学生的进步情况。该研究根据学习潜能分数将学习者分为高学习潜能组、中学习潜能组、低学习潜能组，并对每类学生提出相应的课堂教学建议。

$$LPS = \frac{(S_{post} - S_{pre})}{Max\ S} + \frac{S_{post}}{Max\ S} = (2S_{post} - S_{pre})/Max\ S \qquad （式3-1）$$

由于要求在评价过程中进行干预和互动，因而动态评价对评价人员的素质要求较高，评价过程也耗时费力。评价的动态性也带来了信度和效度难以兼顾的问题。对动态评价持质疑态度的人正是看到了这一点而对其进行批评。Büchel and Scharnhorst（1993）认为测验没有标准化，就谈不上有什么信度。从事动态评价的研究者显然注意到了这一点，干预式动态评价就试图通过使用标准化的调节提高测验的信度。但 Lidz（1991）指出，"动态"一词意味着变化和不固定，传统的静态测验"故意"选择稳定的题目测试学习者，这种做法本身无法准确反映"真实"世界的稳定和变化。谈到效度，Lantolf and Poehner（2007）认为，从 Vygotsky 关于"发展"的角度看，动

25

态评价程序旨在促进学生的发展，而且很大程度上也做到了这一点，因此也就最大限度地体现了测验的构念效度。但这只是理论上的论证，要有更多实证层面的支持才有说服力，尤其是透过评价过程收集反映学习者心理过程的相关信息对构建和验证评价的构念效度最有意义。由于动态评价给学生潜能的发展带来了很大的益处，其后果效度（consequential validity）无疑值得称道，但效度检验中的效标问题是现行动态评价面临的最大挑战（韩宝成，2009）。Poehner（2007）指出静态评价将学习者隔离开来，考察其"独立作业"的能力，但隔离的状态在现实生活中并不常见，存在观察者悖论；动态评价不存在这个问题，因为动态评价贴近现实生活，具有良好的生态效度。

Poehner（2007）指出变换（Transfer）、超越（Transcendence）两个术语分别源于两个动态评价研究。变换源于Brown and Ferrara（1985）关于渐进提示法（Graduated Prompt Approach，简称GPA）的研究，超越源于Feuerstein等（1988）关于调节学习体验（Mediated Learning Experience，简称MLE）的研究。前者有推广的意思，更适合作为平行测试中的迁移概念，比如后测的情境是"在商店"，迁移测试中的情境变为"在邮局"，迁移测试与后测的任务难度并没有太大变化。后者有跨越的意思，动态评价的目标是促进学习者能力的发展，在迁移任务中考察学习者能否用已有能力解决更复杂、更困难的题目，而非难度相当的新题目，因此后者更适合作为动态评价中的迁移概念。Poehner and Lantolf（2013）指出，迁移测试的意义在于题目和之前的测试使用相同的原则，但是更加复杂或更加困难。通过这样的题目可以看出学习者是否内化了之前接受过的调节。该研究认为，迁移测试是动态评价的重要环节，通过迁移测试中的表现可以预测学习者在未来的学习中对教学的回应情况。Poehner and Lantolf（2010）强调指出调节的对象一定是正在形成的能力。因此，迁移测试中我们应该关注的是学习者正在形成的能力。如果迁移任务是与后测相似的任务，那么我们只能考察到学习者已经形成的能力。虽然变换情境也需要学习者具有一定的迁移能力，但只有通过提供更复杂、更困难的任务，才能考察学习者正在形成的能力，并在后测的基础上进一步通过提供适应性协助（appropriate assistance）促进学习者能力的发展。动态评价的目标不是帮助学习者得出正确答案或完美地完成任务，而是帮助学习者靠近独立的表现，因此在迁移测试中也要持续不断地推动学习者的能力向前发展。

（二）理论基础

动态评价的理论基础源于 Vygotsky 的社会文化理论。该理论认为，人的心理机能是社会学习的结果，是文化和社会关系内化的结果，社会文化因素在人类认知发展中起着核心作用（韩宝成，2009）。社会文化理论中的最近发展区理论对动态评价的发展影响最大。儿童独立解决问题的实际水平与在有经验的成年人指引下，或与能力高的同伴合作解决问题时，所体现出的潜在水平之间的差距，被称为该个体的最近发展区（Vygotsky，1978）。Vygotsky（1998）指出，把儿童独立解决问题的能力作为衡量其心理机能的唯一有效指标是不正确的。它揭示的只是儿童心理发展的部分机能，即他的实际发展水平，评估儿童的实际发展水平不仅没有反映其发展全貌，而且常常包含不重要的部分。他强调，儿童对于成人或同伴给予的帮助做出的反应是了解儿童认知能力的一种不可或缺的特征。它预测了儿童最近未来的发展态势，即儿童在帮助之下现在能够做什么，未来他就能够独自完成什么（韩宝成，2009）。这意味着，按照这种方法，我们不仅可以了解孩子今天已完成的发展过程、已结束的发展周期和已成熟的过程，而且可以了解正在形成、正在成熟、正在发展的态势（Vygotsky，1956）。要充分评价个体的发展，不能只看处于心理内的能力，还要揭示处于心理间的潜力。换句话说，了解一个人的历史只能展现其能力的一部分，要想全面了解一个人的能力，必须考虑他的未来（Lantolf and Poehner，2004）。

Binet 于 1905 年提出，1911 年修订完成的智力测验量表问世后，引起各国心理学家的兴趣，相关研究到 20 世纪 40 年代发展到顶峰。它对其他层面的心理测验及教育测验也产生了重大影响，在此基础上发展出来的各种测验统称为静态测验，或叫静态评价（Static Assessment），Haywood and Lidz

（2007）称之为标准化测验（normative/standardized assessment）。Sternberg and Grigorenko（2002）指出，"在静态测验里，测试者分次或同时向受试呈现一组测验题目。受试在规定时间内对相继呈现的测验题目进行作答，没有任何反馈或干预。测验结束后，每个受试得到的唯一反馈就是分数报告。届时，受试又为下一次测验或更多的测验做准备"。可见，静态测验的工具和过程都是标准化的，用统计数字表示个体的能力。它测量的是个体已经形成的能力，评价的只是学习的结果。Gould（1996）指出，标准化测验在美国由来已久，早期主要用来筛选移民和评估新征入伍士兵，后被用于其他领域。目前流行的SAT、GRE等均属静态测验（韩宝成，2009）。动态评价是指把测量和干预结合起来，通过提示、指导和反馈等手段让受试积极参与到测验活动之中，对其思维、认知、学习和解决问题的能力进行评价的过程。它关注的是学习者未来的发展（韩宝成，2009）。

Lantolf and Poehner（2004）认为，动态评价与静态评价的区别主要表现在以下几个方面：第一，两者最根本的不同在于，如何看待未来。静态评价的理念是用过去来预测现在，认为可以用现在来预测未来；而动态评价的理念是不能用学习者现在独立完成任务时的表现来预测他的未来，学习者的未来正在创造之中（Valsiner，2001）。第二，两者的方法论不同。静态评价关注过去发展的结果和已经成熟的能力；动态评价关注未来的发展，旨在促进正在成熟的能力发展。因此评价者和被评价者的关系也不同。在静态评价中，评价者要保持中立以减少测量误差。在动态评价中，评价者对测试过程进行干预，传统的中立态度转变为教学、帮助的态度。在静态评价中，评价者在考试结束前不能对学生的表现给予反馈，否则会影响测量工具的信度。在动态评价中，评价过程的核心就是特定形式的反馈——调节。一种测试方法是动态的还是静态的，不在于这种测试方法本身，而在于测试过程中是否有调节的参与。也就是说，填空、多项选择、开放式作文、口语能力测试等测试方法本身并没有动态、静态的分别，决定他们是动态还是静态测试方法的是测试的目标以及实施过程中是否有调节。第三，参照对象不同。动态评价属于发展参照，是拿自己和自己进行对比；静态评价属于标准参照或常模参照，是将自己与他人或标准进行对比。

（三）代表性模式

与动态评价相关的研究始于20世纪30年代，但大量专业化的研究在六七十年代才出现，在90年代后期达到高潮，主要代表人物有Feuerstein、Budoff、Carlson、Campione、Brown、Stott和Lidz等。由于不同学者所强调的理念和侧重点不同，形成了一系列不同的动态评价模式（韩宝成，2009）。Lantolf and Poehner（2004）将这些模式分为干预式（interventionist）动态评价和互动式（interactionist）动态评价两类。在干预式动态评价中，帮助的形式和数量是标准化的；而在互动式动态评价中，评价者在与学习者的互动过程中提供相应的帮助。Poehner and Lantolf（2010）的研究中有教学型评估（Instructed Assessment）和评估型教学（Assessed Instruction）的提法，我们认为干预式与互动式侧重点不同，干预式动态评价对应"教学型评估"，互动式动态评价对应"评估型教学"。

在干预式动态评价中，帮助的形式是标准化的，它关注评价的量化指标：学习的速度指数（index of speed of learning）（Brown and Ferrara，1985）和学习者迅速有效地达到事前规定的学习目标所需要的帮助的量。在互动式动态评价中，帮助出现在评价者和学习者的互动过程中。Elkonin（1998）曾举例阐述二者的区别。他指出，干预式动态评价对学习速度和效率感兴趣，强调的是火车如何沿着轨道快速驶向终点。互动式动态评价更接近Vygotsky的思想，对火车沿着已建好的轨道行驶的速度不感兴趣，强调如何帮助学习者自己铺设新的轨道，从而通向一个又一个规划好的车站。

1.干预式动态评价

根据评价过程中辅导方式的不同，Sternberg and Grigorenko（2002）把干预式动态评价分为两类："三明治型"（Sandwich Format）和"蛋糕型"（Cake Format）。"三明治型"模式就像传统的实验研究设计，先是前测环节，然后是实验处理，最后是后测。Sternberg and Grigorenko将凡是把指导环节安置在前测与后测之间的测验程序统称为"三明治型",指导的内容完全依赖前测的结果。在后测阶段,评价者可以看出通过辅导学习者取得了多大进步。

Budoff等(Budoff and Friedman,1964;Budoff,1968;Corman and Budoff,1973)提出的"前测—训练—后测"模式就属于"三明治型"。Budoff认为,通过训练,个体的测验成绩得到了提高——这一变化本身就反映了他的学习潜能。这种模式评价个体从训练中的获益能力,就是Budoff提出的学习潜能评价(Learning Potential Assessment)。迄今,其已发展出12个标准的动态测验(Grigorenko and Sternberg,1998),每个测验都有一套特定的操作程序。这些测验可以单独使用,也可以团体施测;前测之后的训练环节尤为重要。Budoff指出,缺少中间训练环节,个体解决问题的能力的改善就不能得到证明。训练时要特别注意引导学生的注意力,指导学生掌握解决问题的策略,给予学生展示解决问题的能力和通过训练提高操作成绩的机会。该模式依据获益分数将受试分为高分者(前测和后测成绩俱佳者)、获益者(后测成绩取得明显进步者)和无获益者(前测成绩较差,后测成绩无显著进步者)。"三明治型"的优点在于,Budoff设计的测验程序创造性地把静态评价融入动态评价之中,在动态和静态评价结合方面做出了重要尝试。"三明治型"的缺点主要体现在训练环节对个体ZPD的针对性不强(Lantolf and Poehner,2004)。"前测—训练—后测"的模式源于他对心理测量学的关注。事实上,他对互动式(interactionist)动态评价持批评态度;认为互动式很难将测试者在学习者作答表现上的贡献与学习者实际能够理解应用的东西区分开(Budoff,1987)。然而,正如Elkonin(1998)指出的那样,对Vygotsky而言,儿童与成人之间的互动不是影响发展的一个因素,不是加在已有事物上的外部影响,而是发展的源泉。

"蛋糕型"动态评价指在测试过程中为受试在每一测验项目上的反应提供调节。调节包括从内隐到外显的一系列标准化提示,正如在每一层蛋糕上涂抹奶油一样,"蛋糕型"动态评价在每个测验项目上给予提示。测试时,测试者向受试逐一呈现测验项目,如果受试能够作答,就呈现下一项目;

如果不能回答，就给他按照从内隐到外显的顺序依次呈现标准化提示清单（standardized menu of hints）上的提示，直到受试正确作答或放弃为止，然后再呈现下一项目（Lantolf and Poehner，2004）。Lantolf and Poehner（2004）指出较成熟的"蛋糕型"评价有两类：一是Güthke（1982）开发的Leipzig Learning Test（简称LLT）；二是Brown等（1985）设计的Graduated Prompt Approach（简称GPA）。

Leipzig Learning Test最早叫Lerntest，由多项测验组成，包括语言测验（Güthke，Heinrich and Caruso，1986）。其语言学能（language aptitude）测验程序：给受试呈现一组几何图形，与之相配的是一组人造语言词汇（见图3-2），要求受试完成相关任务。如果受试首次尝试失败，主试会提供内隐的提示。如果第二次失败，主试会提供较外显的提示；如果到第五次还没有答对，主试就会给出正确答案和解释。然后出现下一题，下一题会更加复杂，仍然会提供一套标准化提示。一旦受试回答正确，主试会要求他解释原因，以便确定受试是否是猜对的。测验结果包括两部分：一是得分（score），比如受试所用提示的数量，完成测验花费的时间；二是描述（profile），比如受试所犯错误的类型，受试对哪种形式的帮助反应最积极。测验结果会作为之后教学的参考，在教学中将针对受试在测验中出现的问题提供指导。第一轮测验后，进行第二轮平行测验。第二轮测验与第一轮测验程序相同，目的在于考察受试需要的提示是否会变得少一点，内隐程度是否会更高一点。Güthke and Beckmann（2000）开发了电脑版LLT，可以大规模施测。

●	blo
■	ski
■ ▲	ski gadu la
▲ ■	ski gadu vep
▲ ■	?

图3-2　Leipzig Learning Test 语言学能测验

注：Güthke，Heinrich and Caruso，1986

Graduated Prompt Approach（GPA）由多项测验组成，包括阅读、科学、数学等。与LLT一样，该测验程序也会给出一系列标准化的提示。其独特之处在于增加了迁移任务。后测中的题目与前测措辞不同，但类型相同（Campione et.al，1984）。一旦学生能够独立解决问题，就会给他呈现一系列迁移问题，先是与之前题目遵循相同原则但稍做变化的"近迁移"（Near Transfer），然后是需要运用与之前的原则相联系的新原则的"远迁移"（Far Transfer），最后是更复杂的"极远迁移"（very Far Transfer）。在结果方面，根据提示量的多少核算，提示量越多，表明学生学习能力越低，迁移能力越低。反之，提示量越少，说明学生的学习能力越强，迁移能力越强。该模式的特点是，它不但可以让我们了解学生学会新东西的速度，也能告诉我们学生把所学知识和原理用于解决新问题的能力（Brown and Ferrara，1985）。

2.互动式动态评价

Minick（1987）指出，在Vygotsky看来，ZPD不是评估学生学习潜能的途径或测量学习效率的方法，而是"了解学生在下一个或最近的发展阶段所能具备的各种心理过程的手段，是确认学生实现这些潜能需要什么样的指导或帮助的手段"。与强调量化的干预式动态评价不同，互动式动态评价更侧重对学生心理潜能发展的质性评价（韩宝成，2009）。

Karpov and Gindis（2000）报告了一系列考察学习障碍儿童的类比推理能力的个案研究。其中一个案例关注的是一个7岁的儿童。她被诊断为认知和语言能力有限，并患有注意缺陷多动障碍（Attention Deficit Hyperactivity Disorder，简称为ADHD）。在独立完成任务的测试中，即使是在视觉运动层面（visual-motor level）上（比如通过触摸或移动物体来数数），这个孩子都不能够进行推理。在刚开始实施动态评价时，评价者花了大量时间和精力将孩子的注意力集中到对完成推理任务所需的几何图形（正方形、圆、三角形等）的解释和操控上。通过对话，评价者成功地将孩子的注意力引到要完成的任务上。最终，她在视觉运动层面上的推理能力（比如她可以通过亲手操控这些几何图形对这些图形之间的关系进行类比）开始显现出来。然后，评价者给她更难一点的任务，要求她完成和之前相似的类比任务，但是不能用手去移动几何图形，只能用眼睛去看。最后，评价者鼓励孩子在完成任务的过程中用个体话语（private speech）进行自我调控。与独立完成任务时的表现不同，动态评价的结果表明这个孩子没有认知缺陷。一旦她学会了运用个体话语进行自我调控，她是可以完成她这个年龄段的任务的。

Pena and Gillam（2000）讨论了一系列关于区分语言障碍儿童和理解语言之间差异有问题的儿童（比如双语者，不规范方言等）的个案研究。讨论集中在语言的3个方面——词汇、叙述能力（narrative ability）、话语表现（discourse performance）。研究者使儿童参与到互动程度较高的调节（highly interactive forms of mediation）中来。比如，一个会说西班牙语、英语的四岁孩子在 Expressive One-word Picture Vocabulary Test-revised（EOWPVT-R）中的表现低于正常水平，但是我们不知道这是由于考试中语言和文化内容上的偏见所致，还是语言障碍所致。对于大部分考试题目，这个孩子都没有回应，或者简单地回答"我不知道"。在动态评价中，Pena and Gillam 找出了问题产生的原因，并通过调节帮助她改善存在的问题。

（四）已有研究

自从1994年 Aljaafreh and Lantolf 将动态评价应用于二语教学之后，30年来，动态评价与二语习得教学的结合程度不断加深，应用范围不断拓展，我们按时间顺序对从1994年到2021年期间国内外期刊发表的相关文献进行梳理（详见附录1和附录2），并对主要文献进行综述。

Kozulin and Garb（2002）将动态评价程序引入英语作为第二语言的阅读教学中，研究对象为23名没有通过大学英语考试的学生，旨在提高学生的阅读策略。研究采用一对一模式。基本做法是先让学生阅读一篇英文短文并回答问题，前测之后，教师作为调节者（mediator）和学生一起回顾做过的题目，有针对性地帮助他们掌握正确回答每个问题的策略，和学生一起建立起回答每个题目的过程模式（process model），并说明如何把这些策略迁移到新的任务上去。除此之外，教师还采取了其他形式的调节，最后让学生完成与前测平行的后测。Kozulin and Garb设计了一种叫作学习潜能分数（Learning Potential Score，简称LPS）的公式来量化学生的进步情况。研究者根据学习潜能分数将学生分为高学习潜能组（high learning potential sub-group）、中学习潜能组（mid-range potential sub-group）和低学习潜能组（low learning potential），并对每类学生提出相应的课堂教学建议。

Anton（2003）把动态评价用于大学西班牙语高级课程的分班测试中，要求被试看一段电影，然后用西班牙语过去时态口头叙述电影内容。他通过评估学生在句法和词汇方面的准确性了解学生的语言水平。在此过程中，通过与学生的互动诊断学生的实际水平，以便将其编入合适水平的班级。

Gibbons（2003）的研究将动态评价应用于课堂教学，考察了两位教师如何通过调节，使他们各自的学生学会用专业词汇来描述关于吸引力的物理实验。Gibbons认为教师给出的大部分调节都针对学生的最近发展区。通过调节，学生的日常话语（如stick、hold、push）逐渐转变为专业话语（如attract、repel）。如果没有教师的调节，学生的能力可能会被低估，从而不能预测学生的未来。

Poehner（2005）考察了六位法语学习者法语过去式和完成体在口语表达中的准确性，对学习者在动态评价中与评价者的互动表现进行微观发生分析，用定量与定性相结合的方法对学习者的表现进行评价。具体评价程序如表3-2所示。该研究总结出了教师调节尺度量表和学习者回应量表，并按照量表记录每次调节和学习者回应的等级。

表3-2　动态评价实施程序

	测验	任务	材料	
前测	静态测验1	看完电影后用法语过去时态进行叙述	英文电影《九个月》第2幕、第3幕	轻喜剧，以对话为主
	动态测验1		英文电影《九个月》第5幕、第6幕	
强化项目（为期6周）				

续　表

	测验	任务	材料	
后测	静态测验2	看完电影后用法语过去时态进行叙述	英文电影《九个月》第2幕、第3幕	轻喜剧，以对话为主
	动态测验2		英文电影《九个月》第5幕、第6幕	
迁移测验	迁移测验1	看完电影后用法语过去时态进行叙述	英文电影《钢琴家》第13幕	第二次世界大战题材，以叙述为主
	迁移测验2	看完这段文章后用过去时态进行叙述	法文小说《老实人》第一章、法英词典	小说

注：Poehner，2005

　　Poehner（2007）节选了Poehner（2005）研究中的迁移测试部分的实验材料进行分析。该研究选取了3名在后测中表现相近的学习者（Donna、Jess和Amanda），对他们在迁移测试中的表现进行质性分析，发现这3名学习者在迁移测试中的表现差别很大：Donna迁移成功，Jess迁移失败，Amanda将之前学会的东西迁移到了新的相关语法点上。

　　Poehner and Lantolf（2010）节选了Poehner（2005）研究中的实验材料进行分析。作者在文末提到每个人在不同学科上的ZPD不同，同是语言，在不同语言点上的ZPD也不同。Donna也许在法语时体方面比Jess用得更好，但这并不意味着她的法语整体水平更高。

　　Guthke and Beckmann（2000）首次利用计算机来实现动态评价。计算机辅助动态评价（Computerized Dynamic Assessment，简称C-DA）逐渐成为研究的热点。Jacobs（2001）开发的KIDTALK是一款评价学前儿童语言能力的电脑软件。先利用计算机播放视频，让学生学习一种人造语言（kidtalk），然后通过一系列的问题来评估学生对这种语言的理解。一旦答错，考试暂停，播放与这道题相关的视频，然后继续考试；如果学生又答错了，那么再播放一遍，每道题有3次作答机会。Tzuriel and Shamir（2002）考察了儿童的序列性思维能力（seriational thinking abilities），研究采用干预式动态评价。如果学生答错了，计算机提示会按照从内隐到外显的顺序依次呈现。考试时教师同时在场，可以像互动式动态评价一样，为学生提供帮助和不同的解释。

Poehner and Lantolf（2013）将动态评价应用于中文、法语的听力理解、阅读理解在线考试中。被试为大学第四学期的学生，英语母语者。题型为多项选择，每道题有5个选项，为受试提供标准化调节提示。为了提供合适的调节，正式施测之前对每道题目进行了一对一互动式的探测性研究。听力理解测试包含4篇短文，学习者先听两遍，然后呈现问题和选项。要测的语言要素包括词汇、语法、语音、文化等。阅读理解测试要测的要素包括词汇、语法、篇章、文化等。问题和选项均以英文呈现。学习者答对后，会提供对正确答案的解释，以避免学习者对自己的选择并没有把握或者是蒙对的。迁移测试题目和其他题目一样有5个选项、提示，每道题对应一个语言要素。二者唯一的区别是难度，迁移测试题目难在词汇密度大和内容熟悉度低上。测试结束后每位学习者会得到实际分数（actual score）、调节分数（mediated score）、学习潜能分数3种分数。研究者将学习者按学习潜能分数的高低分为高、中、低学习潜能3组，然后比较这3组学习者在迁移测试中的实际分数，旨在考察他们的迁移分数是否存在显著差异。结果表明，学习者迁移测试中的实际分数与高、中、低学习潜能组的学习潜能分数的水平基本对应。因此，研究者认为学习潜能分数可以作为学习效应的预测因素之一。研究者认为今后的研究可以进一步探索学习潜能分数与迁移测试得分、学习者课堂表现之间的关系，考察学习潜能分数不同的学习者对教师调节的回应有何差别。研究者还提出，该研究使用的多项选择存在学习者靠猜测回答正确的情况，不是最理想的题型，未来可以考虑使用完形填空。

谢小庆（1992）提出建立计算机辅助自适应性汉语水平考试系统的设想，张华华等（2005）也提出了计算机自适应测验（Computerized Adaptive Testing，简称CAT）的设想，并在近几年小范围应用于我国中学生学业评测中。计算机自适应测验根据学生作答情况，降低或提高后续题目的难度，避免了学生得零分或满分的现象，可以更全面地展现学习者的能力。但是由于考试过程中没有调节的参与，学生处于被动地位，在考试过程中学生能力没有得到促进，计算机自适应测验本质上还是属于静态评价。如果能够将计算机辅助的动态评价用于汉语二语考试中，将会极大地提高考试的个性化，做到量体裁衣。

三、调节学习体验

第二次世界大战结束后，以色列教育学家和认知心理学家Reuven Feuerstein开始关注那些来自犹太人地区和集中营的失去父母和亲人的儿童（张丽锦、张莉，2011）。通过对这些儿童的研究，Feuerstein等（1980）认为个体的认知功能具有可塑性，并且不受年龄等因素的影响。在此基础上，以Feuerstein为代表的以色列学者提出了"认知结构可塑性"（Structural Cognitive Modifiability，简称SCM）理论。这一理论认为人类是"开放的"而非"关闭的"系统。这意味着人类的认知能力不是纯生物学的固定特征，像由基因决定的人的身高和发色那样，而是可以通过多种方式变化发展。这种发展取决于恰当形式的互动和教学的出现及质量（Feuerstein et.al.，1988）。

"认知结构可塑性"理论的关键成分是调节（mediation）。Kozulin（1998）认为Vygotsky和Feuerstein对调节这一概念的理解十分接近。Feuerstein这样阐释调节：在直接、无调节的学习中，儿童与环境通过反复试错、试验的方式进行互动。这种学习方式和行为主义的条件反射模式十分相似，儿童会一直处于此时此地（here-and-now）的情境中，不能解读这个世界或者通过看到事件、情境和个体之间联系的方式来建构意义。在调节学习（Mediated Learning）中，"刺激—反应"模式被改变，儿童不再以直接的、偶然任意的方式与环境互动。相反，一个成年人或能力更强的同伴参与进来，和儿童建立联系，"向儿童挑选、改变、放大、解读事物和过程"（Kozulin，1998），Feuerstein称这种互动为"调节学习体验"（Mediated Learning Experience，简称MLE）（见图3-3）。

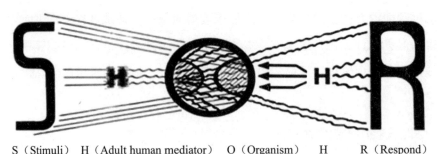

S（Stimuli）　　H（Adult human mediator）　　O（Organism）　　H　　R（Respond）
刺激　　　　　　　　调节者　　　　　　　　学习者　　调节者　　反应

图3-3　调节学习体验（MLE）模型

注：Feuerstein等，1988

Feuerstein等（1988）指出，一个只有直接学习经验的儿童只能看到现实的一角。Feuerstein称这样的儿童为文化被剥夺的个体。文化被剥夺的个体并不是被剥夺了通往某一特定文化的道路，相反，根据Feuerstein和他的同事们的观点，这些个体没有习得任何文化。当然，出生于一个社团，生活在其他人中间，这个儿童会接触某一文化，但是这对Feuerstein来说是不够的。他坚持认为，把人和其他动物分开的是：一个社团中的成年人会通过语言、手势、规矩向他们的孩子调节这个世界，并带着孩子们参与日常生活中的各种活动。因此，文化被剥夺儿童是指一个儿童没有获得经过充分或正确调节后的文化。Kozulin（1998）认为，如果父母和其他照料者不关心儿童此时此地的生理需求之外的事情，那么就会从这个孩子身上看出他缺乏调节，孤立的只与特定刺激或强化物相连的体验，在儿童的心里仍然是毫无关联的。他进一步声明，文化被剥夺儿童缺乏许多认知功能，而这些功能是日后在学校里或学校外学习所需的能力，包括计划的能力、比较异同的能力、形成和检验假设的能力、进行表达的能力等。Feuerstein等（1988）对调节学习体验和直接学习经验之间的关系，以及前者的重要性这样解释："一个儿童受到的调节学习体验越多，他从直接学习环境中获益的能力也就越强。反过来，缺乏调节学习体验，会使个体在直接面对学习任务时收获甚少。"

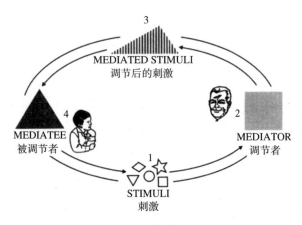

图3-4 调节回路

注：Feuerstein等，2010

　　根据Vygotsky的理论，我们认为调节者有利于儿童对他们与调节者之间互动的内化，使机能从心理间层面向心理内层面转化。儿童与调节者的社会互动为儿童提供了一个可以模仿和变换的样例，让儿童超越自己的现有水平。Feuerstein等（1988）进一步阐明，不是任何成人和儿童之间的互动都叫"调节学习体验"，并对构成"调节学习体验"的指标进行总结归纳，形成了意图性与互惠性、超越、意义、胜任感、行为控制、行为分享、自我赏识、目标设置、挑战、意识变换、乐观11个调节策略指标。其中前3个指标是调节学习体验区别于其他互动的必要条件，下面对这前3个指标进行具体介绍：①意图性与互惠性的调节（mediation of intentionality and reciprocity），指调节要有明确的意图，是学习者的注意力放在当前具体的教学目标或教学内容上。教师通过凸显教学目标，使学习者理解教学内容的重要性，并根据学习者的回应和反馈决定下一步的调节行为。②意义的调节（mediation of meaning），指调节者通过调节调动学习者的认知和情感参与。③超越的调节（mediation of transcendence），指调节者通过调节使学习者超越与此时此地相关的直接学习经验，获得不局限于具体问题的一般策略。

　　Feuerstein是动态评价范式的奠基人物，是互动式动态评价模式的坚定支持者。Feuerstein、Rand and Hoffman（1979）认为，必须放弃传统测验中测验者和被测验者的关系，取而代之的应是一种师生关系。为了学生的最终成功，师生应该共同合作。Feuerstein所提模式的核心是"调节学习体验"。这一模式希望通过掌控的体验（feelings of competence）、自我调控的能力（ability of self-regulate）、内化普遍学习原则的本领（the internalization of general learning principles）来引导学生学会如何学习（learning how to learn）（Lantolf and Poehner，2004）。Feuerstein认为，教育者作为调节者，通过有明确意图的互动，使学习者增长了经验，领悟到了其中蕴含的规则，会较容易地将所学到的经验、知识和技能内化到原有的认知结构中。学习者用已内化的东西解决新的问题，会形成解决问题的能力，促成经验的内化。

Feuerstein等人提出的基于调节学习体验的动态评价程序叫作学习潜能评估程序（Learning Potential Assessment Device，简称LPAD），由15个子测验组成。学习潜能评估程序要求测验者作为调节者（mediator），灵活地与受试互动，根据受试的认知结构随时调整指导（Feuerstein et.al，1988）。比起受试的行为表现，测验者更关注受试认知上的转化。Minick（1987）认为，Feuerstein的模式反映了Vygotsky关于最近发展区的理念，在互动过程中给予测验者更多的自由，通过一系列有针对性的帮助促进学习者潜能的发展。Feuerstein和他的同事们认为个体认知成绩较低的主要原因之一是调节学习体验的缺乏，因此在教学中应该为个体提供丰富的调节学习体验。基于这样的理念，Feuerstein等（1988）设计了工具强化项目（Instrumental Enrichment，简称IE）。该工具强化项目包括两个主要要素：①一套材料，即工具；②一套基于调节学习体验的精心设计的教学系统。工具强化项目包括15个测验，共400个认知任务。

第二部分 〉〉〉

实证研究篇

第四章　基于调节论的汉语二语习得研究

在汉语作为第二语言的课堂上，我们发现有的学习者需要借助手势、身体动作来产出正确的声调，有的学习者需要看着调号产出正确的声调，有的学习者则不需要借助上述工具便能产出正确的声调。在课堂上，有的学习者会在老师讲解后或者完成任务的过程中喃喃自语，为什么存在这样的现象？我们也许并不能立刻给出答案，甚至对上述课堂现象习焉不察，这与对外汉语教学深受结构主义语言学和行为主义学习理论的影响有关。王建勤（2016）对60年来的对外汉语教学进行了梳理，他指出从20世纪50年代到70年代，汉语教学和教材编写理念主要受结构主义语言学的影响。80年代的语法教学引进了功能主义语言学理论，在一定程度上促进了汉语教学理念的转变。但是在教什么、怎么教的问题上，汉语教学实践仍然没有摆脱"听说法"的桎梏（刘珣，2000）。90年代后的语法教学在语言学理论上出现了断层，依附于单一的语言学理论的情况不复存在，语法教学在理论导向上陷入困境。具体来说，目前的汉语口语教学主要存在以下问题：①受结构主义语言学影响，强调规则教学，将规则作为教学的目标，忽视了教学的主体——学习者。对外汉语语法教学长期以来一直关注教什么、怎么教的问题，对学习者学什么、怎么学的问题至今没有引起足够的重视。因而，语法教学成为脱离学习者的纯粹的结构与规则教学（王建勤，2016）。然而，正如Larsen-Freeman（2003）所言，"毕竟，我们教的是学生，而不是单纯地教语言"。语言教学不仅仅涉及教学内容——语言本身的结构和规律，还涉及教学与习得规律——语言教学的教学规律和学习者的学习规律。在教学中应该充分重视学习者主观能动性的发挥以及学习者在习得过程中的认知体验和情感体验。②受行为主义学习理论的影响，课堂口语教学遵循"刺激—

反应"模式，强调操练，将学习者看作被动接收者，而非主动建构者，忽视了调节工具，特别是语言本身作为调节工具在语言教学与习得中的重要作用。

在汉语教学的课堂上，教师常采用打手势的方法进行汉语声调教学。打手势的本质是学习者对 4 个声调的动态调形进行视觉加工，教师将手势作为调节工具来帮助学习者学习汉语声调。打手势这一声调学习策略对学习者声调感知和产出是否有促进作用？如果有促进作用，其内在机制如何？本章的第一节和第二节尝试通过 4 个教学实验来回答上述问题，实验一考察调节工具对汉语学习者声调感知的作用，实验二考察调节工具促进汉语学习者声调感知的内在机制，实验三考察调节工具对汉语学习者声调产出的作用，实验四考察调节工具促进汉语学习者声调产出的内在机制。第三节在上述研究基础上设计面向汉语二语学习者的汉语声调教学方案。

第一节 调节工具对汉语学习者声调感知的作用及其机制研究

一、引言

汉语是声调语言。汉语声调难学是国际中文教育领域讨论较多，但一直没有得到很好解决的问题。在汉语教学的课堂上，教师常常采用打手势的方法进行汉语声调教学，留学生也经常利用打手势的办法来帮助自己学习声调。喻江（2007）认为教师应变成一个指挥家，用手势来带领学生进行发音训练。张拱贵（1988）认为学习者应该重视调号的作用，读声调的同时应该比照调号的形状用手画出相应的调号。那么，打手势这种学习策略真的有效吗？在对汉语二语学习者的调查中，我们发现，学习者对打手势这一声调学习策略的看法并不一致。有的留学生认为，对于生词来说，手势可以帮助自己感知声调；而对于熟悉的词来说，手势的帮助不大。有的留学生认为，手势可以帮助自己更准确地产出声调。然而，在对留学生的观察中，我们发现学习者常常出现产出的声调和自己所打手势不一致的情况。可见，打手势是否是有效的声调学习策略，还有待进一步考察。

已有研究多从教学经验出发，鼓励教师和学生采用打手势这一学习策略（张拱贵，1988；喻江，2001）。由于缺乏实证性研究，结论缺乏可靠性。同时，已有研究没有对打手势这一学习策略背后的内在机制进行探讨。如果缺乏对学习者使用这一策略时内在机制的考察，一方面，可能导致师生误用、滥用这一策略，浪费课堂时间，降低学习效率；另一方面，可能使这一策略流于形式，不能有针对性地发挥应有的作用。这一策略是否有助于学生声调感知？对零起点学习者有效，还是对高水平学习者有效，抑或对不同水平的学习者都有效？如果有效，那么这一策略是如何发挥作用的，学习者内部的心理机制是怎样的？本研究希望通过实证性研究来考察打手势这一学习策略的有效性，以及这一学习策略背后的内在机制，以期从课堂上常用的声调教学策略出发，探索学习者声调感知机制；并在此基础上，为声调教学提出合理的建议。我们在前人研究（Chen and Massaro，2008；Hardison，2004；张拱贵，1988）的基础上进行归纳，发现汉语声调可以提供以下3类视觉信息：①发音人的面部动作，即发音时头、口、喉头等部位的变化；②计算机呈现的基频曲线，即通过实时反馈技术在计算机屏幕上呈现的发音人声调的音域（register）和调形（contour）；③表示4个声调的动态手势，即用手在空中比画声调的调形。打手势这一学习策略的本质是学习者对表示4个声调的动态手势进行视觉加工，因此，本文研究的问题如下：

（1）视觉加工对声调感知是否有促进作用？

（2）如果有促进作用，视觉加工促进声调感知的内在机制是什么？

二、文献综述

文字综述主要从视觉加工对二语学习者语音感知的作用及内在机制研究和语音符号化理论在语音教学中的应用两方面展开。

（一）视觉加工对二语学习者语音感知的作用及内在机制研究

1.发音人面部动作提供的视觉信息

（1）音段音位

McGurk and MacDonald（1976）的研究为母语者同时在听觉上呈现/ba/，视觉上呈现/ga/，结果显示多数母语者将其感知为/da/。这一研究结果表明了视觉信息在音位感知上的作用，被称为"McGurk效应"。McGurk and MacDonald（1976）的研究发现跨通道交互作用（cross-modal interaction）在一定程度上证明了不同感知通道（sensory modalities）的信息可以在感知上相互融合。

Kerry and Joanne（1985）考察了视觉信息对于被试辨别/bi/和/pi/的影响。由于/bi/的VOT较短，/pi/的VOT较长，因此发音人的面部信息会有所不同。实验发现这种视觉速度信息（visual rate information）会影响被试对二者的辨别。作者认为这一结果证明潜在的机制是双通道（bimodal）加工机制。

Massaro（1998）提出视听知觉训练法。视听知觉训练是指在提供听觉刺激之余，为被试提供发音人的面部信息，包括发音动作。和单纯的听觉训练方法不同，视听知觉训练在听觉呈现声音的同时，在计算机屏幕上呈现说话人的发音动作，要求被试一方面要注意听声音，另一方面也要注意说话人发音时的动作变化（张林军，2010）。

Hattori（1987）的调查发现，在美国生活的日本人会利用美国人的面部线索（interlocutor）来弥补理解上的困难。

Hardison（1999）的研究验证了"McGurk效应"，研究表明，同时呈现视觉/r/和听觉/r/时，日本英语学习者辨别英语/r/的正确率显著高于只呈现听觉/r/时。

Hardison（2003）的研究考察了视觉信息在日本英语学习者学习美式英语/r/和/l/中的作用。实验的自变量之一是训练类型，有两个水平：视听知觉训练和听觉知觉训练。研究采用前后测实验设计，经过3个星期的训练，训练类型主效应显著。作者认为视觉信息为学习者增加了一套区分二者异同的维度，从而有利于感知范畴的形成。也就是说，听觉呈现让学习者了解到 /r/ 和 /l/ 共振峰（F2、F3）的不同，视觉呈现让学习者了解到二者发音动作的不同。作者认为一个通道的输入可以影响另一个通道的加工，嘴唇运动的视觉信息影响听觉皮层的活动。

Hazan 等（2005）的研究包括两个实验：实验一考察了视听知觉训练对日本英语学习者习得英语语音 /v/、/b/、/p/ 的作用，实验二考察了视听知觉训练对其习得 /l/、/r/ 的作用。研究发现在两个实验中训练方法（视听知觉训练、听觉知觉训练）的主效应均显著，但相对于实验二，视听知觉训练在实验一中起到的作用更大。作者认为原因在于，相对于实验二中的 /l/、/r/，实验一中 /v/、/b/、/p/ 三者视觉信息上的差异更加明显，学习者更容易注意到它们的差异。作者进一步探讨视觉信息上的差异大小带来的影响，认为相对于英语母语者，日本人和中国人更少受视觉信息的影响。在日语和汉语中，视觉信息所占比例较低，受母语经验的影响，日本人和中国人对于视觉信息的敏感程度较低。汉语中的声调不能通过看唇形来感知，日语中唇形信息也比较少，因此日本人和中国人不擅长利用视觉信息。正如学习者受母语经验的影响会忽略二语语音听觉上的差别一样，学习者也会忽略视觉上的差别。

以上研究发现，人们在交际过程中实际上大量利用了视觉信息。在某些特殊情况下（比如强噪音背景下的交际以及听力障碍者的唇读），视觉信息甚至起到了至关重要的作用。视听知觉训练法认为，在听觉信息之外增加视觉信息，有助于学习者利用多重信息感知音位的语音特征（张林军，2010）。同时，学习者对视觉线索的敏感性可以通过视听知觉训练来提高。但是，这些研究只是通过实验证明了视觉信息在第二语言音位感知中的影响以及视听知觉训练的作用，认为只要学习者注意到了视觉信息上的差异，就能促进其感知，并没有对内在机制，也就是视觉信息是如何发挥这种促进作用的原因进行讨论。

肌动理论（Liberman et.al，1967、1989）认为，音位的感知以人类特有的语言能力为基础。由于发音器官的运动方式在某些情况下不具有连续性，发音上的不连续带来了感知上的不连续，因此人们对不同的言语声产生了感知效应，也许这可以说明为什么发音器官及其动作的视觉呈现有助于感知。

（2）超音段音位

Chen and Massaro（2008）模仿音段音位的视听知觉训练，为被试提供发音人的面部信息（包括脖子、头和口发音时的动作），训练被试对汉语声调的感知。结果发现，这种训练方法并没有显著提高被试的感知。这可能是由于超音段音位的特点决定的，音段音位的视觉线索可以表现在唇形上，而超音段音位的差异可能在于喉头上运动的变化，但这种变化很难被察觉。

2.计算机实时呈现的声调基频曲线提供的视觉信息

在音段音位的训练中，视觉呈现发音人的面部信息对学习者的感知和产出有一定的作用，而在超音段音位的训练中，这种方法效果并不明显（Chen and Massaro，2008）。从已有研究中我们发现，在超音段音位的训练中，常用的方法是视听觉反馈法。这种方法利用可视化的语音学习软件，实时呈现学习者发音和示范发音的基频曲线的比较。

（1）在言语矫治中的应用

黄昭鸣和籍静媛（2004）的研究将这一方法用于语言障碍者的言语矫治中。研究认为患者通过可视化反馈，对照计算机图形发声，可以看到耳朵听不到的细节，通过视觉反馈来弥补听觉上的不足。

（2）在声调习得中的应用

谭秋瑜（2006）通过对外国留学生进行为期的声调感知训练，比较视听觉反馈法和听觉反馈法的效果。结果显示，对于声调感知而言，视听觉反馈法的效果好于听觉反馈法。对于这一结果，作者认为这是由于视听觉反馈法不仅为被试提供了听觉通道的加工方式，还提供了视觉通道的加工方式，所以在将声调的发音信息从短时记忆转入长时记忆的过程中，双通道的加工方式减少了被试发音信息的损失，有利于被试建立起稳定的声调原型表征。

Gandour and Harshman（1978）的研究发现，母语者和二语者对于声调特征赋予的权重不同,汉语母语者对于调形(pitch direction)赋予的权重较高,而英语母语者则更关注音高(pitch height)。

张林军(2011)的研究发现,美国留学生对声调的平均音高更敏感。音高斜率的作用随着汉语水平的提高而有所增强,但敏感程度仍然和汉语母语者存在很大差异。该研究提出,对外汉语的声调教学应该重视提高学习者对音高曲线的敏感程度。

和PAM理论强调母语/目的语音位系统的差异对第二语言语音习得的影响不同,线索权衡理论(Cue-weighting Model)强调对不同声学信息的敏感程度对于语音习得的重要作用。范畴化知觉能力的发展需要不断提高对关键性声学线索的敏感程度,同时降低对非关键性声学线索的依赖(张林军,2011)。据此,我们是否可以假设,视觉呈现基频曲线可以增强学习者对于关键性声学线索的注意,从而帮助其建立声调范畴。

3.动态手势提供的视觉信息

张拱贵(1988)认为,学习者应重视调号的作用。练习时每读一个声调,同时用手比照那个调号的形状画出调号。

通过对上述研究的梳理,我们发现,关于发音人的面部动作、计算机呈现的基频曲线对声调感知影响的实证性研究较多,关于手势法的实证性研究几乎为零。此外,在上述实证性研究中,鲜有研究对学习者的内在习得机制进行理论上的探讨。多为通过前后测的实验设计考察视听觉反馈法在学习者感知成绩上的变化,证明这种方法是否有效,然后尝试对其内在机制进行理论上的解释。这些实验结果更像是理论的佐证,而非通过实验来探索其内在机制。

本研究希望在此不足的基础上,对手势法进行实证性研究,并引入语音符号化探索学习者利用视觉加工的策略进行声调感知的内在机制。

(二)语音符号化

Ehri等(1984)提出语音符号化(Phonetic Symbolization)的概念,认为学习者对口语语音的记忆是以字母的形式贮存的。我们认为,在汉语中音段音位是以拼音字母的形式贮存的,是表示音段音位的符号;声调以"—

／Ⅴ＼"贮存，"—／Ⅴ＼"是表示声调的符号。

1.语音符号化的内在机制

（1）音形对应

Goh（2000）指出，语言学习者在听力中的一个普遍的认知问题就是，对于学习过的单词觉得发音很熟悉，但是不能马上想起相应的词义。其原因可能在于，学习者不能将他们听到的发音与储存在记忆中的字母符号相匹配，不能很好地实现音形间的转化。

姚玉红（2001）的研究表明，语音意识水平高的学生可以记忆更多的单词，可以准确读出陌生单词的发音。由于语音意识是对单词发音结构的意识，个体可以依据其知道单词的精确发音，再根据音形对应规则得到书面字形，即把音素转换成对应的字母或字母组合。

（2）短时记忆

语音编码（phonological recoding），指将语言刺激转化为语音表征，以通达心理词汇的能力。语音工作记忆（phonological working memory），指对语音信息的短时存储能力（陶沙，2004）。Baddeley等（1974）的研究针对短时记忆的工作方式提出了语音回路的模型。该模型认为，存在一个语音回路（phonological loop）。它涉及言语的生成，负责操作以语音为基础的信息。假定该系统有两部分构成：一部分是语音储存装置。语音编码存储于其中，并随时间而不断衰减或消失。另一部分是语音复述装置。它不断地通过复述加强正在衰减的语音表征，从而使有关项目保留在记忆中。

当语音符号的表征比较牢固时，便可以直接以心像的方式对这些表征进行比较和确认。由于在心理构建了以所学音素符号为原型的表征，使抽象音位形式化，从而可以更有效地实现对语音单元的操作（李荣宝等，2008）。我们认为，在短时记忆转入长时记忆的过程中，语音符号化将转瞬即逝的语音转换为与之对应的字母，以字母的形式固定下来，从而减少了语音信息的衰减。

2.音段音位的语音意识与语音符号化

语音意识（phonological awareness），是指学习者分析言语片断以及对其进行操作的一种心理能力（田靓，2003）。语音意识体现为对语音单位（如音节、首尾韵和音位）识别的敏感性以及对语音单位进行操作的能力，如分辨语音刺激的异同，分析语音刺激的单位，对语音单位进行不同组合等（陶沙，2004）。语音符号化是语音意识的基础，语音意识也就是对这些符号进行操作的意识。

根据汉语音节结构的特点，我们将汉语语音意识分为声母意识、韵母意识和声调意识3种作业类型（邵良红，2007）。在接受系统读写教育之前，儿童可以从日常口语经验中获得对音节、首尾韵水平的语音单位及其组合、变化的认识。由于口语本身并不要求对语音单位的精细分析，也不要求对语音和文字组成单位的对应分析，所以口语经验不能自然引发音位意识的发展。在阅读理解和言语表达时，一个成熟的语言使用者通常并没有意识到单个的音位，除非他激活了有控制的加工过程，以反映语言的结构特征（高小丽，2001）。

李荣宝等（2008）的研究认为，对普通话单语者和方言、普通话双语者来说，拼音学习对语音意识的促进范围和强度可能是不一样的。对前者来说，拼音学习主要是使语音范畴形式化（给每个语位范畴一个名称，并且用符号表征），从而提高对语音的操控能力；而对后者来说，拼音学习作用不仅是使语音范畴形式化，更主要的是"标准化"，使方言儿童尽快摆脱被同化的普通话语音的影响，建立起一个和"标准"一致的普通话语音表征体系。

推广到母语者和二语者身上，我们可以认为对母语者来说，拼音学习让母语者对自己已经掌握的语音有了更精细的认识，使他们的口语词汇语音与一定的语音表达形式之间建立起联系（李荣宝等，2008）。拼音学习使语音形式化，把语音和相应的符号对应起来，便于切分和操作：先有语言再有符号；而对二语者来说，拼音学习是一个线索，学习者先学习拼音这套符号，再将符号和相应的语音对应起来：先有符号再有语言。

留学生首先应该学会听辨，因为听辨是发音的首要条件（史有为，1989）。也就是说，学习者只有能在听觉上分辨出相同或不同的前提下，才有可能发出这样的音。汉语每个音节内部声母、韵母和声调结合在一起形成一个语音板块，是合成发音。所以培养留学生敏锐地辨别每个音节中的声、韵、调，对提高留学生的听辨能力，迅速提高他们的听力水平，增强他们学习汉语的信心与成就感，都是必不可少的一环（邵良红，2007）。

3.声调意识与语音符号化

（1）声调意识。大多数文献并未对声调意识进行明确定义，只是作为汉语语音意识的一部分，在设计声调意识测量任务时，大多要求被试判断两个视觉或听觉呈现的汉字的声调是否相同。

陈默等（2008）认为，声调意识是指个体在声调产出和感知的过程中对声调特征的反应和控制能力。声调意识既可以反映出个体的元语言能力，也可以反映出个体的语言能力。声调意识可以从不同的角度来分类：从语音特征的角度来划分，可以分为调值意识、调形意识、调强意识、调长意识、调域意识和调类意识；从所处的语音环境来划分，可以分为单字调意识和多字调意识，包括双字调和三字调。

本研究中的声调意识与陈默等（2008）的定义侧重点不同，我们认为声调意识是指将抽象的语音转换为调号"— ／ ∨ ＼"的能力。

（2）声调符号化。李荣宝等（2008）考察了语音辨析训练对方言儿童语音意识和阅读能力发展的作用。声调训练中，除模仿外还进行两项练习，主试念出一个音调要求被试说调名（第几声），或主试说调名被试念出音调；在语音意识测量任务中，主试以听觉形式呈现3个音节，其中两个声调相同，一个不同，要求被试挑出不同的那个。实验结果表明，语音辨析训练能够有效地提高方言儿童的语音意识水平，但在声调意识上未产生显著效应。对结果进行分析，原因可能在于：①训练次数少未达到映射的效果；②测量任务采用听觉呈现，被试可能依据对绝对音高的物理感知挑选出不同的那一个，导致训练前便可以区分，无法得知是否对普通话声调进行了范畴归类。

邵良红（2007）的研究包含两个实验。实验一：听觉呈现作业测试。被试会听到两个音节，被试的任务是判断这两个音节的声调是否相同。例如：

大——上，明——出。实验二：视听呈现作业测试。被试会听到两个双音节词，被试的任务是判断这两个音节与试卷中给你的两个音节是否一致。例如：联系、练习——联系、练习，总之、终止——终止、总之。我们认为实验二的任务能够保证学习者发生语音符号化这一过程。

高小丽（2001）考察了留学生各项语音意识的发展情况。实验一：汉字读音辨别测试。主试为被试呈现两个汉字，要求被试判断这两个汉字的声调是否相同。例如：天——张（是），从——力（否）。结果发现声调意识的错误率最高。声调意识的发展落后于声母和韵母意识的发展。这与汉语儿童的语音习得顺序正好相反。实验二：听辨测试。在提示音后，被试会听到两个音节。被试的任务是判断这两个音节的声调是否相同，相同的打"√"，不同的打"×"。例如：从——人（√），八——马（×）。结果发现声调意识优于韵母意识，韵母意识又优于声母意识。对于实验一和实验二结果的差异，作者认为实验一中考察的是被试对汉字的读音进行语音判断的能力，被试需要首先默读出汉字的发音，然后才能根据作业要求对这个音作出判断；实验二则是考察被试对语音的听辨能力，被试只需要直接对听到的语音做出判断即可。两次实验作业任务的差异造成了被试的语音加工机制不同。从这一结果中我们发现，听觉呈现中声调意识好于视觉呈现，可能是因为听觉呈现时被试基于物理音高对听到的音节进行判断，即"听起来"是否一致，而非用抽象的符号表征（调号）来判断。二者的差异恰好反映出符号化加工的存在。我们假设，如果被试符号化加工能力较强，那么二者应该没有差异。我们假设视觉呈现时，学习者的判断过程是：汉字→语音→拼音→心像，最终以心像的方式区分出调号的不同。

通过对以上文献的整理，我们尝试提出理论假设：对于母语者来说，语音表征在先，符号表征在后，甚至可以没有。对于汉语学习者来说，由于语音表征很难在短时间内建立，学习者采用先学习符号表征，再将符号表征与语音表征对应起来的方法。具体到声调，教师先用符号"— / √ \"搭出4个范畴的架子，再进行语音输入，使学习者对听到的声调按照搭起的架子进行归类，慢慢建立起语音和符号的映射关系。这种映射关系建立之后，学习者听到语音，可能先将其与相应的调号对应，再对这种心理意象上的符号进行加工。

三、调节工具对汉语学习者声调感知的作用

（一）实验目的

本研究旨在考察母语为英语的汉语学习者在声调感知过程中，视觉和听觉双通道的加工方式的习得效果是否好于只有听觉的加工方式。

（二）实验方法

1.实验设计

本实验采用单因素被试间实验设计。

自变量：加工方式、被试间变量，分为两个水平。

实验组：视觉和听觉双通道的加工方式。

控制组：只有听觉的加工方式。

因变量：被试在感知测验中的前后测结果的差异，即后测与前测得分之差。

2.被试

英语母语者，零起点汉语学习者（学习汉语时间为1个星期）31人，其中实验组16人、控制组15人。没有其他有声调语言学习经历，未接受过长期的声乐训练。

3.实验材料

实验材料分成感知测试音节表（见附录3）和训练音节表两部分。

感知前测音节表和感知后测音节表是一个随机音节表，包括相同的80个单音节。为避免音段信息对被试声调感知的影响，全部采用自然的单音节形式，词的选取为单元音的结构，都有声母。发音人是一名普通话水平为一级乙等的中国女生。录音是在安静的语音实验室，用Praat语音软件进行录音。语音样本都为16位单声道的录音，语音采样率为44100 Hz。音节之间

的时间间隔（inter-trial-interval）为3000 ms。

训练音节表（见附录4），包括120个不同音节，每类声调30个音节。

4.实验程序

两组被试采用不同的学习方法，实验组采用视觉和听觉双通道的加工方式，控制组采用只有听觉的加工方式。

（1）前测。被试对听到的80个刺激（感知前测音节表）进行判断，在答题纸上写下相应的调号。正确的判断记1分，错误或漏写记0分，最后计算各组被试的得分。

（2）训练。前测结束后，被试开始为期3周的训练。每周5次，每次训练时间为10分钟。前测与第一次训练为同一天，最后一次训练结束后开始进行后测。实验组：教师领读训练音节表，领读的同时用左手在空中画出相应的调号，请被试跟读。控制组：教师领读训练音节表，请被试跟读。

（3）后测。被试对听到的80个刺激（感知后测音节表）进行判断，在答题纸上写下相应的调号。正确的判断记1分，错误或漏写记0分，最后计算各组被试的得分。

（三）实验结果

运用Spss16.0统计软件对数据进行独立样本t检验，结果显示（见表4-1）：

（1）实验组和控制组感知前测得分差异不显著，t=1.072，df=29，$p>0.05$。

（2）在后测与前测得分之差这个指标上，实验组和控制组差异显著，t=-3.265，df=29，$p<0.01$。同控制组相比，实验组的进步更大。

表4-1 声调感知测试中被试的平均得分

	前测得分	后测得分	后测与前测得分之差
实验组	58.44	68.75	10.31
控制组	63.74	65.34	1.60

（四）讨论

实验结果表明，实验组和控制组感知前测得分差异不显著，在后测与前测得分之差这个指标上，实验组和控制组差异显著。这说明对于声调感知来说，视觉和听觉双通道的加工方式的效果好于只有听觉的加工方式。

已有研究（McGurk and MacDonald，1976；MacDonald and McGurk，1978；Kerry and Joanne，1985）的结果证实不同感知通道的信息可以在感知上相互融合。Hardison（1999、2003）的研究发现，对于第二语言学习者音段音位的感知来说，视听知觉训练的效果好于听觉知觉训练。Chen and Massaro（2008）模仿音段音位的视听知觉训练，为被试提供发音人的面部信息（包括脖子、头和口发音时的动作），训练被试对汉语声调的感知，结果发现这种训练方法并没有显著提高被试的感知。本实验的结果支持Hardison（1999、2003）的研究，但与 Chen and Massaro（2008）的结果不一致。这是由超音段音位的特点所决定的。音段音位的视觉线索可以表现在唇形上；而超音段音位的差异可能在于喉头运动的变化，而这种变化难以从发音人的面部信息中获得。本实验与 Chen and Massaro（2008）的研究结果不同，原因在于二者虽然都在听觉训练之外为被试提供了视觉训练，但本实验提供的视觉信息是声调教学手势，可以直观的突显声调间的差异，而 Chen and Massaro（2008）提供的是发音人的面部信息，声调间的差异难以被学习者感知。视听知觉训练同时为学习者提供了视觉通道和听觉通道两种通道的信息，可以弥补单通道信息输入的不足，增强学习者对于关键声学线索的注意，从而促进学习者的声调感知。

四、调节工具促进汉语学习者声调感知的内在机制

实验一的结果证明了对于声调感知来说，视觉和听觉双通道的加工方式的效果好于只有听觉的加工方式，但是我们对双通道的加工方式促进学习者声调感知的内在机制尚不清楚。本实验基于语音符号化理论，尝试探索视觉加工促进学习者声调感知的内在机制。我们假设，视觉加工建立了语音和符号的映射关系，在学习者头脑中建立起了声调的符号表征。语音转瞬即逝，与之对应的符号表征稳定性更强，便于加工，从而对学习者感知声调范畴起到易化作用。

（一）实验目的

1.采用启动实验范式来考察视觉加工是否在学习者头脑中建立起了符号表征。

2.考察符号表征的建立是否易化了声调感知。

（二）实验方法

1.实验设计

本实验采用2×3两因素混合实验设计。

因素一，加工方式，被试间变量，分为2个水平：视觉和听觉双通道的加工方式（实验组）、只有听觉的加工方式（控制组）。

因素二，启动条件，被试内变量，分为3个水平：无关启动、语音启动（启动刺激为听觉呈现的音节）、声调手势启动（启动刺激为视觉呈现的声调手势）（见表4-2）。

因变量：被试判断目标刺激声调的反应时和错误率。

2.被试

英语母语者，零起点汉语学习者（学习汉语时间为1个星期）31人，其中实验组16人，控制组15人。没有其他有声调语言学习经历，未接受过长期的声乐训练。参加实验一后测之后参加本实验。

3.实验材料

实验材料包括视频材料、音频材料、图片。视频材料：由一位北京语言大学汉语速成学院女老师录制。画面上呈现这位老师的上半身（不含面部）。老师用左手分别打出4个声调的教学手势。音频材料：发音人是一名普通话水平为一级乙等的中国女生。该发音人以正常语速朗读启动实验音节表（见附录5），用Praat语音软件进行录音。为避免音段信息对被试声调感知的影响，选取16个单元音音节，声母为b、p、d、t，韵母为a。一、二、三、四声各有4个音节。图片：4张图片（见附录6）。

不同启动条件下的实验材料：

（1）在无关启动条件下，启动刺激类型图片，目标刺激为听觉呈现的16个音节，每类声调4个音节。

（2）在语音启动条件下，启动刺激类型为听觉呈现的16个音节，每类声调4个音节，目标刺激为听觉呈现的16个音节，与启动刺激中的音节完全相同，调型一致。

（3）在手势启动条件下，启动刺激类型为教师打手势的视频材料，目标刺激为听觉呈现的16个音节，每类声调4个音节。启动刺激中的手势与目标刺激中的音节调型一致。

表4-2　无关启动、语音启动、手势3种启动条件下刺激材料举例

启动条件	启动刺激（prime）	目标刺激（target）
无关启动	图片	听觉呈现 bā
语音启动	bā	听觉呈现 bā
手势启动	一声的手势	听觉呈现 bā

（4）填充材料。在语音启动条件下，启动刺激为听觉呈现的16个音节，每类声调4个音节，目标刺激为听觉呈现的16个音节。启动刺激与目标刺激调型均不一致。

在手势启动条件下，启动刺激为教师打手势的视频材料，目标刺激为听觉呈现的16个音节，每类声调4个音节。启动刺激中的手势与目标刺激调型均不一致。

4.实验程序

实验设备为联想笔记本电脑一台，使用E-Prime2.0编程。

实验采取个别测试的方法进行，在安静的环境中进行。分为三大部分：无关启动、语音启动、手势启动。三大部分顺序随机，各部分内部刺激呈现顺序随机。实验开始时，屏幕中央出现注视点"+"；1000 ms后，在该

位置出现一个启动刺激，呈现560 ms后消失。随后在该位置呈现掩蔽刺激"*****"，呈现400 ms后消失。呈现目标刺激，要求被试又快又准地按键对目标刺激进行按键反应，判断为一声，则按键盘上标有"1"的键，判断为二声、三声、四声则分别按标有"2""3""4"的键。目标刺激呈现5000 ms。被试按键后，间隔1000 ms，再次出现注视点"+"，开始下一轮刺激呈现。被试若没有反应，则5000 ms后开始下一轮刺激呈现。

电脑记录下从目标刺激呈现到被试做出按键反应之间的潜伏期，即反应时，以及被试的错误反应。实验开始前先进入练习阶段，练习阶段被试作答后屏幕上显示反馈，让被试熟悉操作并稳定反应时间。

（三）实验结果

31名被试中，剔除判断差错率高于25%的5名被试（实验组3人、控制组2人），整理后的实验结果如表4-3所示。

表4-3　3种启动条件下被试判断目标刺激声调的平均反应时（单位：ms）和错误率

	无关启动	语音启动	手势启动
实验组	1447.69 （12.98%）	1276.69 （10.10%）	958.47 （6.73%）
控制组	1411.32 （9.13%）	1098.05 （5.77%）	1184.64 （3.37%）

运用Spss16.0统计软件对被试的反应时进行方差分析，结果显示（见图4-1）：

加工方式的主效应不显著（$F_{(1, 24)}$=0 .002，p>0.05），启动条件的主效应显著（$F_{(2, 48)}$=21.814，p<0.01），二者交互作用显著（$F_{(2, 48)}$=6.894，p<0.05）。简单效应检验表明，在无关启动条件下，实验组与控制组被试的反应时差异不显著（p>0.05）；在语音启动条件下，实验组与控制组被试的反应时差异不显著（p>0.05）；在手势启动条件下，实验组与控制组被试的反应时差异达到边缘显著（p=0.051），表现为实验组被试的反应时短于控制组被试的反应时。

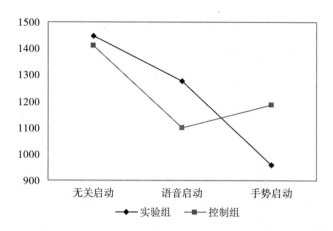

图4-1　加工方式与启动条件的交互作用（单位：ms）

（四）讨论

实验结果表明，加工方式和启动条件的交互作用显著。

1.在无关启动条件、语音启动条件下，控制组与实验组差异均不显著。这是因为在无关启动条件和语音启动条件下，实验组和控制组被试均采用听觉加工的加工方式，因此两组被试的反应时没有显著差异。

2.在手势启动条件下，控制组与实验组差异达到边缘显著，表现为实验组被试的反应时短于控制组被试的反应时。这说明实验组被试的头脑中建立起了声调的符号表征，而这种符号表征易化了实验组被试的声调感知，从而使实验组被试在手势启动条件下，反应时显著短于控制组被试。

对于母语者来说，语音表征在先，符号表征在后，甚至可以没有。对于汉语学习者来说，由于语音表征很难在短时间内建立，学习者采用先学习符号表征，再将符号表征与语音表征对应起来的方法。具体到声调，教师先用符号"— ／ Ｖ ＼"搭出4个范畴的架子，再进行语音输入，使学习者对听到的声调按照搭起的架子进行归类，慢慢建立起语音和符号的映射关系。这种映射关系建立之后，学习者听到语音，可能先将其与相应的调号对应，再对这种心理意象上的符号进行加工。符号表征之所以易化了实验组被试的声调感知，是因为实验组视觉和听觉双通道的加工方式在听觉通道之外为被试提供了视觉通道的加工方式，实验组被试的大脑中建立起了语音与符号之间的映射关系。在手势启动条件下，实验组被试将语音输入转化为心理意象上的调号，并对这一调号进行加工。李荣宝等（2008）认为，拼音学习对于方言儿童的普通话学习意义重大，拼音学习使语音范畴化，同时使方言儿童尽快摆脱方言的影响，尽快建立起一个和"标准"一致的普通话语音表征体系。对于零起点英语母语者来说，言语信号本身变异性较大，我们听到的语音与学习者头脑中4个声调的原型并不存在一一对应的关系，将转瞬即逝、变异性大的语音转换为与之对应的符号，有助于学习者声调范畴的建立。

言语感知通常会受到语言环境的干扰。对于母语者来说，我们所听到的语音和其他刺激一同争夺我们有限的认知加工资源。对于零起点学习者来说，听到一个音节时，学习者要同时对这个音节的音段、超音段等信息进行加工，由于认知资源有限，常常出现顾此失彼的现象。语音符号化将言语信号以符号的形式固定下来，一方面，在短时记忆转入长时记忆的过程中减少了发音信息的损失，降低了学习者认知加工上的负担；另一方面，降低了语音的变异性，便于学习者进行精细加工。因此，实验组被试的反应时显著短于控制组被试。

五、结 语

打手势是声调教学中常见的策略，师生是否采用这一策略多凭主观喜好。已有研究多从教师的经验出发，缺乏实证性研究。本研究通过实验研究分别考察这一策略对声调感知和产出的影响，可使师生更有针对性地使用这一策略。本研究引入语音符号化理论来解释这一策略对学习者声调感知的作用，深化了对学习者声调感知内在机制的认识。已有关于声调教学策略的研究（Wang et.al，1999；Wang et.al，2003；郑才华，2011）关注的多是学习者对声调的听觉加工。本文以学习者对声调的视觉加工为切入点，试图为声调教学和学习策略研究提供新的视角。本部分对上述研究的结论进行总结，并在此基础上尝试对这一策略的使用提出一些建议，并对本研究的局限进行说明。

实验一通过一个实验组、一个控制组的前测、后测及三周的教学处理，考察了两种不同的声调学习策略（视觉加工和听觉加工、只有听觉加工）对留学生汉语声调感知的影响。结果显示，在后测与前测得分之差这个指标上，实验组（视觉加工和听觉加工）和控制组（只有听觉加工）差异显著，同控制组相比，实验组的进步更大。对于零起点汉语学习者的声调感知来说，视觉和听觉双通道的加工方式的效果好于只有听觉的加工方式。视听知觉训练同时为学习者提供了视觉通道和听觉通道两种通道的信息，可以弥补单通道信息输入的不足，从而促进学习者的声调感知。实验二引入语音符号化理论，考察了视觉加工促进声调感知的内在机制。实验结果表明视觉加工在学习者头脑中建立起了声调的符号表征。这种符号表征对学习者感知声调起到了易化作用。对于母语者来说，语音表征在先，符号表征在后，甚至可以没有。对于汉语学习者来说，由于语音表征很难在短时间内建立，学习者采用先学习符号表征，再将符号表征与语音表征对应起来的方法。具体到声调，教师先用符号"— ╱ ∨ ╲"搭出四个范畴的架子，再进行语音输入，使学习者对听到的声调按照搭起的架子进行归类，慢慢建立起语音和符号的映射关系。这种映射关系建立之后，学习者听到语音，先将其与相应的调号对应，再对这种心理意象上的符号进行加工。在无关启动条件、语音启动条件下，控制组与实验组的反应时差均不显著；在手势启动条件下，实验组被试的反应时显著短于控制组被试的反应时，表明语音符号化易化了学习者感知声调的过程。综上所述，对于零起点汉语学习者来说，教师的声调教学手势可以帮助学习者建立语音与符号的映射关系，从而促进声调感知。但是视觉加工对于非零起点汉语学习者的作用如何，还有待进一步考察。

本研究尝试通过实验一考察视觉加工对学习者声调感知的作用，被试分为实验组和控制组。实验组接受打手势的训练方法；控制组接受不打手势的训练方法。为保证控制组不接触或尽量少接触打手势这一方法，我们选取只学习了一周的学习者进行前测，并要求被试所在班级的任课教师不采用这一方法。但是无法保证被试完全不接触这一方法。同时，在不知道打手势这一方法是否有利于声调习得的前提下，对控制组被试可能是不公平的，我们将在实验结束后，对控制组被试进行教学上的弥补。

第二节　调节工具对汉语学习者声调产出的作用及其机制研究

一、引言

在对汉语二语学习者的调查中，我们发现，有学生认为手势可以帮助自己更准确地产出声调。然而，在对他们的课堂观察中，我们发现学习者产出的声调常常和自己所打的手势不一致。已有研究从教学经验出发，鼓励教师和学生采用打手势这一学习策略（张拱贵，1988；喻江，2007）。由于缺乏实证性研究，结论缺乏可靠性。同时，已有研究没有对打手势这一学习策略背后的学习者内在习得机制进行探讨。本研究希望通过实证性研究来考察打手势这一学习策略的有效性，以及这一学习策略背后学习者的内在习得机制。打手势这一学习策略的本质是学习者对表示四声的动态手势，即声调的动态调形进行视觉加工，因此，本文研究的问题是：①视觉加工对声调产出是否有促进作用；②如果有促进作用，视觉加工促进声调产出的内在机制是什么。

二、文献综述

（一）视觉加工对二语学习者语音产出的作用及内在机制研究

1.发音人面部动作提供的视觉信息

（1）音段音位

Hardison（2003）的研究考察了视觉信息在日本英语学习者学习美式英语/r/和/l/中的作用。实验的自变量之一是训练类型，分为视听知觉训练和听觉知觉训练两个水平。研究采用前后测实验设计，经过3个星期的训练，训练类型主效应显著，同时感知训练的效果可以迁移到产出上。

（2）超音段音位

Chen and Massaro（2008）模仿音段音位的视听知觉训练，为被试提供发音人的面部信息（包括脖子、头和口发音时的动作），训练被试汉语声调的产出。结果发现这种训练方法并没有显著提高被试的产出成绩。

2.计算机实时呈现的声调基频曲线提供的视觉信息

谭秋瑜（2006）通过对外国留学生进行为期的声调产出训练，比较视听觉反馈法和听觉反馈法的效果。结果显示，对于发音而言，视听觉反馈法的效果与听觉反馈法无显著差异。

3.动态手势提供的视觉信息

喻江（2007）认为教师应变成一个指挥家，用手势来带领学生进行发音训练。

通过对上述研究的梳理，我们发现：

（1）关于发音人的面部动作、计算机呈现的基频曲线对声调产出影响的实证性研究较多，关于手势法的实证性研究几乎为零。

（2）在上述实证性研究中，鲜有研究对学习者的内在习得机制进行理论上的探讨。多为通过前后测的实验设计考察视听觉反馈法在学习者产出成绩上的变化，证明这种方法是否有效，然后尝试对其内在机制进行理论上的解释。这些实验结果更像是理论的佐证，而非通过实验来探索其内在机制。

本研究希望在此不足的基础上，对手势法进行实证性研究，并引入多模态研究的相关理论探索学习者利用视觉加工的方法进行声调产出的内在机制。

（二）多模态研究

生命科学的研究成果告诉我们，生命体在演化过程中逐步获得视觉、听觉、嗅觉、味觉、触觉五种不同的感知通道（sensory channel）。这些通道是生命体与周围环境进行信息交换的界面和路径。上述五种感知通道的获得分别导致以下交际模态的产生：视觉模态（visual modality）、听觉模态（auditive modality）、触觉模态（tactile modality）、嗅觉模态（olfactory modality）和味觉模态（gustatory modality）（朱永生，2007）。在上述模态中，与本研究关系最紧密的是视觉模态和听觉模态。

顾曰国（2007）将模态定义为人类通过感官（如视觉、听觉等）跟外部环境（如人、机器、物件、动物等）之间的互动方式。正常人之间的互动都是多模态的。他还进一步提出了"同模态学习过程"和"模态转换学习过程"两个概念。前者指在输入和产出双方之间没有发生模态变化的学习。假如输入是视觉阅读，而要求学习者的产出是把所学内容用语音复述出来，这时学习过程发生了模态转换，即从输入的视觉模态变成了发音器官运动模态和听力模态，这样的学习就是"模态转换学习"。顾曰国进而提出两个假设：①同模态学习过程比模态转换学习过程要容易一些。本中没有证实这一假设，给出的解释是在同模态的情况下，输入方的信息对于产出方来说是同质的；当模态发生转换时，输入方的信息对于产出方来说是不同质的，学习者要调用个人知识库中的相关资源，同时启动新模态。所有这些都要花费大脑资源。②恰当的模态转换可以增强学习者对所学内容的内化度，提高内容记忆的持久性。作者对这一假设给出的解释是模态转换时大脑要花费更多资源，把外来的新信息与已有的个人知识进行互动，起到了强化学习效果的作用。作者还举例说明各种模态之间的互相支持是常见的事。比如，当你回忆一位老同学时，想不起他的名字，这时有人给你出示他的照片，你很有可能会马上想起他的名字来。

孔江平（2010）对于汉语普通话语音进行了多模态研究，主要涉及语音声学研究、光动态发音动作研究、核磁共振声道研究、电子腭位发音动作研究、嗓音发声类型研究、唇形唇读研究、动态声门研究及呼吸带语音韵律研究。上述研究使我们对于音段音位的研究更加深入，但由于四个声调间的差异在喉头等发声器官上的表现不易察觉，上述研究并未在声调研究方面取得大的进展。

Chen and Massaro（2008）模仿音段音位的视听知觉训练，为被试提供发音人的面部信息（包括脖子、头和口发音时的动作），训练被试对汉语声调的感知。结果发现，这种训练方法并没有显著提高被试的感知。这是由于超音段音位与音段音位具有不同的特点，音段音位的视觉线索可以表现在唇形上，超音段音位的差异可能在于喉头运动的变化，而这种变化很难被察觉。

既然喉头运动上的变化难以外化，我们是否可以采用动态手势这种外化的方法来引导学习者内部发声器官的运动呢？本研究尝试引入多模态理论来解释这一策略对学习者声调产出的作用，以期深化对学习者内在机制的认识。

三、调节工具对汉语学习者声调产出的作用

（一）实验目的

本研究旨在考察母语为英语的汉语学习者在声调产出过程中，视觉和听觉双通道的加工方式的习得效果是否好于只有听觉的加工方式。

（二）实验方法

1.实验设计

本实验单因素被试间实验设计。

自变量：加工方式，被试间变量，分为两种水平：

实验组：视觉和听觉双通道的加工方式。

控制组：只有听觉的加工方式。

因变量：被试在产出测验中的前后测得分的差异，即后测与前测得分之差。

2.被试

英语母语者、零起点汉语学习者（学习汉语时间为1个星期）28人，其中实验组15人、控制组13人。没有其他有声调语言学习经历，未接受过长期的声乐训练。

3.实验材料

实验材料分成产出测试音节表（见附录9）和训练音节表两部分。

产出前测音节表和产出后测音节表是一个随机音节表，包括相同的80

个单音节。为避免音段信息对被试声调感知的影响，全部采用自然的单音节形式，词的选取为单元音的结构，都有声母。发音人是一名普通话水平为一级乙等的中国女生。录音是在安静的语音实验室，用Praat语音软件进行录音，语音样本都为16位单声道的录音，语音采样率为44100 Hz。音节的时间间隔（inter-trial-interval）为3000 ms。

训练音节表（见附录4），包括120个不同音节，每类声调30个音节。

4.实验程序

两组被试采用不同的学习方法，实验组采用视觉和听觉双通道的加工方式，控制组采用只有听觉的加工方式。

（1）前测。请被试读产出前测音节表，用Praat进行录音。之后请母语者对被试的产出进行判断，正确的记一分，错误的记零分，最后计算被试的得分。

（2）训练。前测结束后，被试开始为期3周的训练，每周5次，每次训练时间为10分钟。前测与第一次训练为同一天，最后一次训练结束后开始进行后测。实验组：教师领读训练音节表，领读的同时用左手在空中画出相应的调号，请被试跟读。控制组：教师领读训练音节表，请被试跟读。

（3）后测。请被试读产出后测音节表，用Praat进行录音。之后请母语者对被试的产出进行判断，正确的记1分，错误的记0分，最后计算被试的得分。

（三）实验结果

运用Spss16.0统计软件对实验三的数据进行独立样本t检验，结果显示（见表4-4）：

（1）实验组和控制组产出前测得分差异不显著，t=-0.402，df=26，$p>0.05$。

（2）在后测与前测得分之差这个指标上，实验组和控制组差异不显著，t=-1.270，df=26，$p>0.05$。

表4-4 声调产出测试中被试的平均得分

	前测得分	后测得分	后测与前测得分之差
实验组	50.66	63.94	13.28
控制组	48.00	54.70	6.70

（四）讨论

实验结果表明，实验组和控制组产出前测得分差异不显著。在后测与前测得分之差这个指标上，实验组和控制组差异不显著。说明对于声调产出来说，视觉和听觉双通道的加工方式与只有听觉的加工方式没有统计学意义上的差别。实验一的结果表明视觉加工可以促进学习者的声调感知。那么，视觉加工对声调产出是否没有促进作用？抑或是这种作用由于训练时间短、训练频次少、实验任务难而被掩盖？实验四将通过区分汉语水平、改变实验任务，进一步探讨视觉加工对学习者声调产出的作用。

四、调节工具促进汉语学习者声调产出的内在机制

（一）实验目的

考察视觉加工影响学习者声调产出的内在机制，以及这种影响在不同水平学习者身上的差异。

（二）实验方法

1.实验设计

本实验采用2×3两因素混合实验设计。

因素一，学习者汉语水平，被试间变量，分为两种水平：低水平学习者、高水平学习者。

因素二，刺激呈现方式，被试内变量，分为三种水平：手势与声音一致、手势与声音不一致、只有声音。

因变量：汉语母语者对被试产出进行判断，被试声调产出的得分（被试发音与被试听到的音节调型一致，视为正确）。

2.被试

欧美低水平学习者（学习汉语时间为1个月左右）22人、欧美高水平学习者（学习汉语时间为1年左右）21人。没有其他有声调语言学习经历，未接受过长期的声乐训练。被试男女各半，年龄均在18岁至35岁之间。

3.实验材料

视频材料：请一位教师边打手势边发出相应的音节，不呈现面部。音节为bā、bá、bǎ、bà。共录制16种组合，其中：

（1）声音与手势一致的条件下有4种：手1口1，手2口2，手3口3，手4口4；

（2）声音与手势不一致的条件下有12种：手1口2，手1口3，手1口4，手2口1，手2口3，手3口4，手3口1，手3口2，手3口4，手4口1，手4口2，手4口3。

视频材料1：包括24个刺激，声音与手势一致的4种组合，每种重复6次。两个刺激之间的间隔为1400 ms。24个刺激排列顺序随机。

视频材料2：包括48个刺激，其中声音与手势一致的4种组合，每种重复6次，共24个刺激；声音与手势不一致的12种组合，每种组合重复2次，共24个刺激。两个刺激之间的间隔为1400 ms。48个刺激排列顺序随机。

4.实验程序

播放视频材料1时，请被试不看电脑屏幕，听声音。在1400 ms的间隔中重复所听到的音节，主试进行录音。播放视频材料2时，请被试看电脑屏幕，在1400 ms的间隔中重复听到的音节，主试进行录音。每个组合间隔1400 ms，请学生在这段时间内发音。视频材料1和视频材料2的播放顺序随机。

请汉语母语者对被试的录音进行判断，被试发音与所听到的音节调型一致的记1分，不一致的记0分，最后统计被试的得分。

（三）实验结果

运用Spss16.0统计软件对实验四的数据进行方差分析，结果显示（见表4-5）：

汉语水平的主效应显著（$F_{(1, 41)}=70.750$，$p<0.01$），表现为高水平学习者的得分高于低水平学习者。刺激呈现方式的主效应显著（$F_{(2, 82)}=72.740$，$p<0.01$）。二者交互作用显著（$F_{(2, 82)}=66.596$，$p<0.01$），简单效应检验表明，在手势与声音一致条件下，低水平与高水平学习者的得分差异不显著（$p>0.05$）；在手势与声音不一致条件下，低水平与高水平学习者的得分差异显著（$p<0.01$），表现为低水平学习者的得分低于高水平学习者；在只有声音条件下，低水平与高水平学习者的得分差异不显著（$p>0.05$）。

表4-5　3种刺激呈现方式下被试的平均得分

	手势与声音一致	手势与声音不一致	只有声音
低水平学习者	23.77	10.73	23.14
高水平学习者	24.00	23.48	23.48

（四）讨论

实验结果表明，学习者汉语水平与刺激呈现方式交互作用显著。

（1）在手势与声音一致条件、只有声音条件下，低水平与高水平学习者的得分差异不显著。这是因为实验任务为即时重复所听到的音节，实验任务较简单，高水平学习者汉语水平上的优势并没有表现出来。

（2）在手势与声音不一致条件下，低水平学习者的得分显著低于高水平学习者。这是因为低水平学习者四个声调的语音范畴尚未建立或还不牢固，易受教师手势的干扰。在即时重复的实验任务中，低水平学习者的发音器官受到教师手势的调动，不由自主地按照手势的指导来发音，而不能按照主试的要求重复听到的音节。这与Chen and Massaro（2008）的结论不一致。原因在于Chen and Massaro（2008）为被试呈现的是发音人的面部动作，发音人喉头等发音器官上的变化难以被人察觉，而手势使声调间的差异外化，易于被试模仿。高水平学习者在实验后向主试报告时，表示自己发现了手势与听到的音节声调不一致的情况，但能够排除手势的干扰。这是因为高水平学习者四个声调的范畴已经建立。

McGurk and MacDonald（1976）的研究发现，当视觉信息和听觉信息相冲突时，感知者会同时使用这两方面的信息源以获得稳定的感知。当为母语者在听觉上呈现双唇音/ba/，同时视觉上呈现软腭音/ga/时，听者报告自己听到的音是/da/。但该研究并未对这一现象产生的原因进行实证性探索。在随后的研究中，MacDonald and McGurk（1978）用实验证明，发音位置（尤其是唇部）主要通过眼睛提供线索，而发音方式更多的是通过耳朵提供线索。我们由此推论，低水平学习者对声调的视觉信息依赖较大，而高水平学习者对视觉信息的依赖较小，更多地依赖听觉信息。

（3）实验四的结果似乎与实验三的结果矛盾，实则不然。实验四的结果显示，对于低水平学习者来说，教师的手势可以有效调动学习者发音器官的运动。实验三的结果认为，对于零起点学习者来说，视觉和听觉双通道的加工方式与只有听觉的加工方式没有统计学意义上的差别，也就是说，打手势的教学策略并没有促进零起点学习者的声调产出。这一矛盾是由以上两个实验的实验任务不同造成的。实验三后测的实验任务是请被试读音节表上的音节，虽然经过了打手势策略的训练，但是后测时不呈现教师的手势，完全由被试自主产出。实验四的实验任务是呈现教师的手势，请被试即时重复，这样的实验任务一方面使被试更容易受到手势的干扰，另一方面，并不能保证在延时测试中被试会有相同的表现。Liberman and Mattingly（1989）认为，说话者产出言语时会做出有意的语音姿势，包括将嘴唇张成圆形等肌肉活动。这些有意的语音姿势是大脑对声道结构发出的恒定的动作指令，但这些神经中枢的命令不会导致声道形状的恒常性。当呈现教师的手势，请被试即时重复时，被试会受有意的语音姿势的影响；而当不呈现教师的手势，请被试念字表进行产出时，由于缺乏发音器官的恒常性和稳定性，被试并未能延续有意的语音姿势的影响。从以上分析可以得出，教师的手势可以有效调动学习者发音器官的运动，使初学者在产出声调时有迹可循。但是的训练并未明显改善学习者的产出，这也许是由于训练时间短、学习频次少造成的。

五、结语

汉语声调教学是汉语二语教学中的重点和难点之一，打手势这种教学策略是汉语教学课堂上常见的声调教学策略之一。实验三考察了两种不同的声调学习策略对留学生汉语声调产出的影响。结果显示，在后测与前测得分之差这个指标上，实验组和控制组无显著差异。实验四引入多模态学习理论，考察了视觉加工影响学习者声调产出的内在机制，以及这种影响在不同水平学习者身上的差异。实验结果表明在即时重复的任务中，相对于高水平学习者来说，低水平学习者对声调的视觉信息依赖较大，低水平学习者的发音器官易受到教师手势的调动。

本部分对上述研究的结论进行总结，并在此基础上尝试对这一策略的使用提出一些建议，并对本研究的局限进行说明。

对于零起点汉语学习者的声调产出来说，视觉和听觉双通道的加工方式与只有听觉的加工方式没有统计学意义上的差别。为期3周的视听觉训练并没有显著促进学习者的声调产出。本研究引入多模态理论来解释这一策略对学习者声调产出的作用，以期深化对学习者声调产出内在机制的认识。研究结果表明，对于低水平学习者来说，教师的手势可以有效调动学习者发音器官的运动。在即时重复的实验任务中，呈现教师的手势会使被试受有意的语音姿势的影响，从而促进声调的产出；而不呈现教师的手势时，由于缺乏发音器官的恒常性和稳定性，被试不能延续有意的语音姿势的影响。

对于零起点汉语学习者的声调产出来说，短期（3周）的训练并不能有效改善学习者的产出。实验三的结果显示，在声调产出的任务中，实验组的进步并未显著大于控制组，可能是由于训练强度不够造成的。在以后的研究中，可以通过延长训练时间、增加训练频次的方法帮助学习者建立稳定的四个声调的发音方式。对于低水平汉语学习者来说，即时呈现教师的手势可以引导学习者发音器官的运动，可用于课堂上即时的纠音。对于高水平学习者来说，由于四个声调的发音模式已经建立并固定，不易受教师手势的干扰。

本研究尝试通过实验三考察视觉加工对学习者声调产出的作用，被试分为实验组和控制组。实验组接受打手势的训练方法，控制组接受不打手势的训练方法。为保证控制组不接触或尽量少接触打手势这一方法，我们选取只学习了一周的学习者进行前测，并要求被试所在班级的任课教师不采用这一方法。但是无法保证被试完全不接触这一方法。同时，在不知道打手势这一方法是否有利于声调习得的前提下，对控制组被试可能是不公平的，我们将在实验结束后，对控制组被试进行教学上的弥补。

第三节　面向汉语学习者的汉语声调教学设计

一、课程信息

课型：初级汉语口语课

使用教材：《十日通》第一册第一课"你好"

教学对象：零起点汉语学习者，英语母语者

教学内容：汉语声调的感知和产出

教学时间：1课时，45分钟

二、教学目标

（一）认知领域

1.教师通过手势将感知和产出声调的难度降阶，帮助学生内化手势这一调节工具，实现调节工具从物质化向符号化的过渡，使学生在心理上建立起声调的符号化表征。

2.实现调节工具从物质化向符号化的过渡，也就是在提高学生所处的调控阶段和认知水平。学习者认知水平的提高是重要的学习变量，同时也是重要的学习产物。

（二）情感领域

1.使学习者产生学习声调的动机，满足学习者的好奇心。

2.增强声调学习的乐趣感和成就感，降低焦虑感和厌倦感。

（三）技能领域

能够听辨汉语的声调，正确产出声调。

（四）学习策略

让学生学会使用身体动作、手势等调节工具。教师通过好的教学策略来帮助学生形成好的学习策略。

三、教学理念

（一）基于调节的教学

1.为学习者提供调节工具

主体是学习者，客体是声调的感知与产出。二者不是直接接触，而是通过调节工具联系起来的。之所以在二者之间加入调节工具，是由于调节工具的出现能够易化任务，使任务的难度降阶。这一调节工具是由教师精心挑选的，并在教师的引导下进行学习，相当于为学生准备了一个最优的学习途径，避免了学习者进行类似于"试错"的直接学习，因此有助于提高教学效率。能够让学习者掌握这一学习方法，获得学习体验，再遇到类似情况或更复杂的情况时，可以自己想办法利用这一调节工具去解决。有了调节工具的加入，会对学习过程产生以下影响：

（1）学习声调的过程就变成了学习如何掌握声调学习的调节工具。因为我们认为只要完成了对调节工具的内化，就能够正确感知和产出声调。

（2）声调学习关注的不仅仅是声调习得的最终结果（关注的是语言），还包括学习者认知能力发展的程度（关注的是人），也就是学习者所处的调控阶段，使用调节工具的能力。

教师通过身体动作、手势将声调外化、物质化，将身体动作、手势作为一种教学工具来帮助学生辨别和产出声调。身体动作、手势使学生能够看到

（visualize）并体验到（experience）原本看不见摸不着的语音。在学习者和抽象的声调之间加入这一调节工具，相当于给了学习者一个抓手，使任务难度降阶。

2.通过语言互动、课堂游戏、课堂活动引导学习者内化上述调节工具

学生通过创造性的模仿教师的手势来内化（appropriated）这些手势，并将手势作为一种学习工具逐步增加对声调的掌控。最终实现调节工具从物质化（身体动作、手势）向符号化（调号）的过渡，建立声调的符号化表征，从而实现对声调的心理操作。

（二）基于学习体验的教学

1.重视学习者的参与

通过语言调节、活动设计来引导学习者参与到学习过程中来，教师和学习者共同搭建学习者的最近发展区。

2.重视学习者的回应（response）

教师在声调教学中应对学生使用手势的情况保持高度的敏感，而不是仅仅关注声调感知和产出的正误。因为学生使用这些调节工具的情况是一个窗口，可以反映出他们对声调的理解程度，有利于诊断不同学生在感知和产出声调时遇到的困难，确定学生所处的最近发展区，从而有针对性地解决学习者遇到的困难。

3.重视学习者的情感因素

通过游戏等营造轻松、欢乐的氛围，通过语言互动为学习者提供情感支架，使学习者的边缘系统分泌多巴胺（Dopamine），增强声调学习的乐趣感和成就感，降低焦虑感和厌倦感。

四、教学方法

（一）视听法

1.视觉和听觉双通道输入。

2.使用教学手势让语音现象可视化，通过教学手势把语音现象表现

（enact）出来。

（二）基于调节的教学法

1.将身体动作、手势、调号等作为教学工具，在为学习者设定学习目标的同时，为学习者提供调节工具（身体动作、手势、调号）。

2.通过语言互动、课堂游戏、课堂活动引导学习者内化上述调节工具。

（三）基于学习者学习体验的教学法

1.鼓励和引导学生在感知和产出声调的过程中使用身体动作、手势等调节工具，让这些调节工具成为学习者感知和产出声调的学习工具。

2.关注学习者使用身体动作和手势的情况，因为学生使用这些调节工具的情况可以反映出他们对声调的理解程度，有利于诊断不同学生在感知和产出声调时遇到的困难，确定学生所处的最近发展区。如果不关注学生使用身体动作和手势的情况，单从他们的感知或产出结果，很难看出他们的问题出在哪儿。

（四）调节工具箱

1.概念讲解

2.学习者的母语

3.平时的生活经验

4.图式（声调的五度标记）

5.教师的身体动作

6.手势

7.PPT动态呈现带箭头的调号

8.课堂游戏

9.写有音节的卡片

10.教师的语言调节等级量表

11.学生对他人帮助的回应等级量表

五、教学步骤

（一）组织教学

师生问好，点名。

（二）声调教学

表4-6

教师行为	调节工具	教学理念
用英文介绍：汉语和英语不同，汉语有四个声调 ā，á，ǎ，à。不同的声调对应不同的意义	概念、元语言知识	帮助学习者了解汉语声调的特点
PPT 呈现： mā 妈 mother má 麻 hemp mǎ 马 horse mà 骂 abuse	学生的母语（英语）	帮助学习者快速了解不同声调对应不同语义这一特点
PPT 呈现：汉语声调的五度标记	图式	将抽象的音节图式化、可视化，给学习者一个感性的基本认识
板书（有写调号的过程）（1）单韵母和四声： ā á ǎ à 教师领读，请学生跟读（2）音节和四声练习 mā má mǎ mà 教师领读，请学生跟读	板书调号	（1）通过板书潜移默化输入写调号的过程（2）教师领读、学生跟读，是一种直接学习，目的是让学习者通过模仿获得一个感性认识

续 表

教师行为	调节工具	教学理念
用英文介绍: ā 就像你嗓子疼去看医生,医生请你张开嘴,你发出的声音 á 有疑问时发出的声音 à 生气时发出的声音	学生的生活经验	(1)用学生熟悉的生活经验来做类比 (2)情感支架:通过熟悉的东西建立学习者情感上的亲近,克服陌生感和畏惧感
教师边发音边做动作(身体体验法): ā 伸平双臂 á 头向右上方扬起 ǎ 弯曲膝盖,然后站直 à 踩右脚 请全体学生起立,跟教师一起边发音边做动作	教师的身体动作	(1)教师以身体动作为教学工具,将声调外化、物质化,让学习者可以看到并且体验到声调。声音不好模仿,但是动作是容易模仿的,借此将任务难度降低 (2)引导学生将身体动作为学习工具 (3)情感因素。只采用教师领读、学生跟读的方式,学生会由于无法正确模仿看不见摸不着的语音而产生焦虑感,反复地跟读会也使学生产生厌倦感。引入视觉呈现、身体动作,有助于降低学生的焦虑感和厌倦感
教师组织课堂游戏: (1)请全体学生起立 (2)教师说音节,请学生根据声调,做出相应的身体动作 (3)做错动作的学生坐下,最后站着的学生是胜利者	学生的身体动作	(1)帮助学习者掌握身体动作这一调节工具 (2)建立"声音→身体动作"的联系 (3)情感因素。提高学生的参与程度,增强学生的乐趣感和成就感
PPT 呈现: mā má mǎ mà tāng táng tǎng tàng 教师边打手势,边领读音节 请学生边打手势,边跟读音节	教师的手势	(1)用物质化、可视化的手势外化抽象的听觉音节 (2)建立"声音→手势→声音"的联系
请学生边打手势,边朗读音节	学生的手势	(1)有意识地引导学生利用手势 (2)观察学生利用手势的情况和产出声调的情况,借此了解学习者存在的问题

续　表

教师行为	调节工具	教学理念
PPT 呈现：动态呈现声调箭头的走向 shēng diào 声　调 tones 一声 yī shēng —— 5 High-pitch 二声 èr shēng —— 4 Middle-High-pitch 四声 sì shēng —— 3 Middle-pitch —— 2 Middle-Low-pitch 三声 sān shēng —— 1 Low-pitch	动态呈现的调号	建立"声音→动态调号"的联系
教师组织课堂游戏"拍苍蝇"： （1）教师板书若干音节（ā á ǎ à），将全体学生分为 2 组，每组派 1 位学生来到黑板前 （2）教师说音节，请学生拍黑板上的对应音节 （3）拍对的学生为所在小组赢得 1 分	（1）调号 （2）课堂游戏	（1）帮助学生建立"声音→符号"的联系 （2）营造竞争的氛围，增强学生的乐趣感和成就感
教师组织课堂活动"找卡片"： （1）发给学生写有音节的卡片(mā má mǎ mà 等) （2）教师说出一个音节，请学生举起对应的卡片。延续上一游戏的分组，找对卡片的学生为本组赢得 1 分	（1）音节卡片 （2）课堂活动	
学生小组活动"找卡片"： （1）3 个学生一组，1 个学生说音节，另外 2 个学生举起对应的卡片 （2）在此过程中，教师观察学生找卡片的情况，在找卡片的过程中有没有使用身体动作或手势	（1）音节卡片 （2）分组活动	（1）通过活动调动学习者参与的积极性 （2）同伴调节 （3）对学生使用手势的情况保持高度的敏感，因为学生使用这些调节工具的情况是一个窗口，可以反映出他们对声调的理解程度，有利于诊断不同学生在感知和产出声调时遇到的困难，从而有针对性地解决学习者遇到的困难

续　表

教师行为	调节工具	教学理念
（1）教师抽出一张卡片，请某位学生发出相应的读音 （2）告诉学生可以使用身体动作或手势来帮助自己 （3）如果学生发音不正确，按照下面从内隐到外显的7级调节等级量表对学生进行调节 ① 嗯? ② 不对，再试试 ③ 是三声 ④ 给出正确的发音 ⑤ 在黑板上写出调号 ⑥ 打手势 ⑦ 做身体动作 （4）观察并记录学习者的回应 ① 没有反应 ② 做身体动作 ③ 打手势 ④ 拒绝教师的帮助	（1）音节卡片 （2）教师的语言调节等级量表 （3）学生的回应等级量表	（1）动态评价 （2）最近发展区

（三）总结本课内容

（四）布置作业

第五章　基于最近发展区理论的汉语二语习得研究

最近发展区理论在教学实践中的应用主要有动态评价和调节学习体验（Feuerstein et.al.，1988）。虽然Feuerstein及其团队坚持认为自己的理论没有受Vygotsky的影响，但是两人的主要观点，特别是对调节的理解十分接近。基于Vygotsky最近发展区理论产生的动态评价和基于Feuerstein "调节学习体验"理论设计的工具强化项目都是教学和评估的辩证统一体，在对学习者能力进行评价的基础上进行有针对性的教学，通过教学进一步促进学习者能力的发展。但是正如二者在名称上的差异所反映的那样，动态评价侧重于评价，调节学习侧重于教学。在社会文化理论的基础上，Reuven Feuerstein等（1988）对直接学习和间接学习进行了区分，并在此基础上提出了 "调节学习体验"（Mediated Learning Experience，简称MLE）的概念。他认为，在直接、无调节的学习中，儿童通过反复试错、试验的方式与环境进行互动。这种学习方式和行为主义的条件反射模式十分相似，儿童会一直处在此时此地的情境中，不能解读这个世界或者通过看到事件、情境和个体之间联系的方式来建构意义；在间接、有调节的学习中， "刺激—反应" 模式被改变，儿童不再以直接的、偶然任意的方式与环境互动，相反，一个成年人或能力更强的同伴参与进来，和儿童建立联系， "向儿童挑选、改变、放大、解读事物和过程"（Kozulin，1998），Feuerstein等（1988）称这种互动为调节学习体验。

目前的汉语第二语言教学模式基本属于被动接受（Passive-acceptant）模式，而非主动调节（Active-modificational）模式。Feuerstein等（1988）举例说明了这两种模式的区别：面对一个失去双臂的残疾人，被动接受模式的倡导者会请一个保姆来精心照顾他，而主动调节模式的倡导者会通过一系列的训练，培养他利用双脚吃饭、写字等的能力，最终帮助这位残疾人实现自力更生。本研究属于主动调节模式，不仅关注语言结构的问题，同时还关注语言结构作为调节工具是如何促进学习者语言和认知能力发展的，在教学过程中，将学习者作为主动参与者，充分发挥调节工具的作用。社会文化理论认为主体和客体是一个辩证统一的整体，将二者联系在一起的是调节工具。有了调节工具，人类对内可以调节自己的认知，对外可以调节物质世界。调节学习不仅关注客体——语言结构、语言输入，同时关注主体——人的认知发展和学习体验。通过调节工具将客观的语言结构、语言输入与学习者的主观能动性结合在一起，实现了教与学的辩证统一。在调节学习中，教师作为调节者的出现改变了"刺激—反应"模式，改变了教师仅仅作为知识传授者、学习者作为被动的知识接受者的现状。通过调动学习者的认知和情感参与，为学习者带来了基于调节的学习体验。尽管语言教育者和心理测量者都强调要将教学与测试紧密结合起来，但尚未找到好的实施办法。有人建议关注考试的反拨作用。这种观点其实还是将教学与测试看作两个分离的环节，而且只关注测试对教学的影响，没有考虑教学对测试的影响。有效的教学离不开准确的评价，因为只有知道学习者独立完成任务时的能力，才能进行有针对性的教学；与此同时，一个完整的评价也离不开教学，因为按照Vygotsky的观点，高级心理机能的发展来源于社会文化活动，而非储存在大脑中。调节学习根据学习者的回应确定教师调节的类型和方式，使教学与评估成为辩证统一的整体。Poehner（2008）将社会文化理论和Feuerstein的调节学习体验理论和模式应用于二语习得中，通过"前测—强化项目—后测—迁移测"的范式，考察了6名将法语作为第二语言的高级水平学习者对法语体概念的口语习得情况，旨在通过师生个性化的互动来理解和促进学习者正在形成中的口语能力。结果发现，基于"调节学习"理念设计的强化项目对学习者法语体概念的习得有促进作用，但是产出正确率相同的学习者在对调节工具的利用、对老师所提供调节的回应等方面的表现却有较大的差别。作者在此基础上提出教学不应只看学习者的实际发展水平，还应该根据学习者的潜在发展水平制定教学方案，促进学习者正在形成的能力向前发展。该研究通过描述性统计和质性分析的方法向我们展示了学习者法语体概念的习得过程，但是由于缺少对照组，我们无法断定学习者的进步是由"调节学习"带来的；同时，由于被试数量较少，数据分析为描述性统计而非推论性统计，结论的推广性还有待进一步验证；该研究的强化项目主要通过教师的语言对学习者进行调节，没有充分发挥物化调节工具的作用，而在该研究的质性分析部分，我们发现只用语言进行调节，学习者接受起来难度较大，导致调节不能奏效。

本章在最近发展区的理论框架下对口语能力发展进行定义，在这一理论框架下，对学习者口语能力的评价不只要看学习者独立完成任务时的水平，即学习者的已有能力，还要看学习者在他人帮助下完成任务时的水平，也就是学习者的学习潜能。由于我们对学习者口语能力发展的判定不以完成特定的任务为目标（Task-oriented），而是以促进学习者能力的发展为目标（Development-oriented）。这一方面有利于我们更加全面、深刻地理解学习者的能力；另一方面也是更为重要的，我们可以在这一过程中促进学习者口语能力的发展。在社会文化理论，特别是最近发展区理论和调节学习体验理论的基础上，本章将"调节学习体验"进一步分为"调节互动"（Mediated Interaction）和"学习体验"（Learning Experience），考察调节互动作为一种间接学习方式对学习者口语能力发展是否具有促进作用。如果有促进作用，那么调节互动是如何促进学习者口语能力发展的？在这一过程中为学习者带来了怎样的学习体验？第一节主要考察调节互动对汉语二语学习者口语习得的作用。第二节在考察习得效果的基础上，通过微观发生分析法考察学习者位于最近发展区内的能力的发展，即学习者从他人调控向自我调控的过渡的过程和机制，找到促进或阻碍学习者口语能力发展的因素。第三节从认知体验和情感体验两个方面考察调节互动为学习者带来的调节学习体验。

第一节　调节互动对汉语学习者口语习得的作用

一、引言

师生互动是汉语二语口语教学的重要环节。教师通常将师生互动作为纠正学习者口语产出偏误的方式之一，重视学习者独立完成任务时的产出结果，并以此作为评价学习者或制定教学方案的依据，忽略了互动过程本身提供的信息，也就是学习者在他人帮助下的表现。Vygotsky（1978）提倡在最近发展区的理论框架下对学习者的能力进行双重评价，一方面看学习者独立完成任务时的实际发展水平，另一方面看学习者与他人合作完成任务时的潜在发展水平，即学习潜能（Learning Potential）。学习潜能并非指学习者已经掌握的知识和技能，而是当学习者不能独立完成口语交际任务时，教师通过调节互动使其具备独立完成口语交际任务的能力。对第二语言口语教学而言，学习者从不能独立完成口语交际任务到能够独立完成，体现的是一种调节效应。这种调节效应反映的是学习者语言习得和认知能力的可塑性。这种可塑性反映了学习者学习潜能的发展（王建勤，2018）。Poehner and Lantolf（2013）认为，学习潜能不是隐藏在学习者体内的固有属性，而是处在从无到有、从弱到强的动态变化中，应被理解为学习者对调节的开放状态（Openness to Mediation），可以预测学习者在未来学习中的获益程度。

如何促进学习者学习潜能的发展？Feuerstein等（1988）提出调节互动（Mediated Interaction）的理念。调节互动是指在师生互动过程中，教师作为调节者（Mediator）利用调节工具与学习者共同构建最近发展区进而实现教学目标的教学方式，以社会文化理论（Sociocultural Theory of Mind）的两大核心概念"调节"（Mediation）和"最近发展区"（Zone of Proximal Development）为基础。一是"调节"。Vygotsky（1987）认为，正如人类通过物质工具来改变世界一样，人类利用语言等符号工具来调节思维的发展，调节人与人、人与世界的关系。就二语习得来说，语言输入与习得之间并非线性因果关系，语言习得有赖于调节工具的中介作用（王建勤，2019）；二是"最近发展区"。这一概念是指学习者独立完成任务时的实际发展水平和在他人帮助下能够达到的潜在发展水平之间的距离。在学习者不能独立完成任务时，教师作为调节者利用语言、概念、图片等调节工具，促进学习者位于最近发展区内的学习潜能的发展，使学习者跨越其实际发展水平和潜在发展水平之间的距离，从客体调控（Object-regulation）经由他人调控（Other-regulation），最终实现自我调控（Self-regulation）。

已有研究多采用质性研究的方法对师生互动语料进行微观发生分析。研究发现，语言能力的发展不仅表现为学习者独立完成任务时的水平，还可以通过学习者在师生互动过程中所需教师调节的数量和类型、学习者对教师调节的回应程度（Responsiveness）来证明。为了更好地量化学习者在最近发展区内的发展，少量研究（Poehner and Lantolf，2013；Van Compernolle and Zhang，2014；Poehner et al.，2015；Zhang and Compernolle，2016）通过统计学习者的实际分数（Actual Score）、调节分数（Mediated Score）、学习潜能分数（Learning Potential Score，简称LPS）来体现学习者的已有能力和学习潜能。上述研究有助于本研究中师生调节互动的实施和学习者学习潜能评价指标的确定，但已有研究对被试母语背景没有严格控制，被试规模多在10人以下，结论的可推广性较低。针对已有研究的不足，本文采用实验研究和质性分析相结合的方法考察以下问题：①调节互动能否促进学习者学习潜能的发展？②学习潜能的发展能否带来学习者口语表达水平的提高？

二、文献综述

Erlam，Ellis and Batstone（2013）将已有互动研究分为两大类：认知—互动框架下的互动和社会文化理论框架下的互动。认知—互动框架下的互动研究以纠错反馈（Corrective Feedback）为代表，主要考察特定类型的反馈（重述、元语言解释等）的有效性（Ellis et al.，2006）。这一框架从交流的管道隐喻的角度解释了互动协商的过程：信息的传递与接收，交流活动中的对话双方以成功发送和接收语言符号为目标（Donato，2000）。教师的目标是尽可能使输入可理解，便于学习者接收。关注点是输入的语言的特征，忽略了学习者本身作为一个参与者的主观能动性。社会文化理论框架下的互动研究致力于说明，针对学习者的最近发展区的反馈是如何促进学习的（Aljaafreh and Lantolf，1994）。关注点是学习者的特征和他们参与的具体活动；目标是通过与学习者共同构建最近发展区，促进学习者的参与，提高学习者的主观能动性和所处的调控阶段。我们认为两种理论框架下的互动具有本质的区别，Aljaafreh and Lantolf（1994）认为，在社会文化理论视角下，纠正性反馈应该被重新定义为"调节"，因为其目标不是纠正学习者语言表达中的错误，而是促进学习者的发展。更准确地说，社会文化理论框架下的互动是调节互动（Mediated Interaction）。Lantolf（2000）强调对于任何类型的互动，要想有用，都必须对个体甚至群体的最近发展区敏感。也就是说，能够为学习者带来学习体验。然而，不是所有的互动都能够为学习者带来调节学习体验，它至少需要具备两个要素：①意图性和互惠性（Intentionality and Reciprocity）；②超越性（Mediation of Transcendence）。

Aljaafreh and Lantolf（1994）对教师运用调节尺度量表与两名英语学习者进行一对一的作文修改活动进行了考察。根据学习者的回应和表现，教师遵循从内隐到外显的原则，按照调节尺度量表给予学习者恰当的调节，并在学习者能够独立完成任务时及时撤出帮助。结果表明，通过教师的调节，学习者在发现错误和纠正错误中，对他人调节的依赖不断减少，自我纠错能力得到了提高。

Nassaji and Swain（2000）在Aljaafreh and Lantolf（1994）的基础上进一步验证了有效的调节是否必须对学习者的最近发展区敏感。该研究考察了两名韩语母语者对英语冠词的习得情况。在共同修改作文的任务中，教师根据Aljaafreh and Lantolf（1994）的调节尺度量表对其中一名学习者进行调节，而对另一名学习者的调节采取随机选择的方式，没有按照调节尺度量表进行调节。结果发现，按照调节尺度量表调节的学习者对英语冠词的使用有了较大进步，而另一名学习者基本没有进步。

Antón（1999）开展了一个对比研究。他对比了两位大学外语教师的调节行为，一位是法语教师，另一位是意大利语教师。意大利语教师采用独白式的（Monologic）话语策略，把自己作为知识的完全、绝对的加工者，将这些知识输送给学生；法语教师有效使用对话式互动使学生成为教学活动的主动参与者。当学生出现错误时，法语教师仅仅抬了一下眉毛，学生就马上改正了自己的句子。而相反，当学生出现错误时，意大利语教师总是提供及时、明显的反馈。比如，一个学生说了某个词不正确的形式，教师就会小声告诉学生正确形式，然后学生会顺从地重复。

Poehner（2008）考察了6名法语学习者的法语过去式和完成体在口语表达中的准确性，对学习者在动态评价中与评价者的互动表现进行微观发生分析，用定量与定性相结合的方法对学习者的表现进行评价。该研究进一步细化了Aljaafreh and Lantolf（1994）的调节尺度量表，同时，在Van der Aalsvoort and Lidz（2002）的"调节回应量表"（Response to Mediation Rating Scale）的基础上形成了学习者回应量表（Learner Reciprocity Typology）。通过质性分析，按照量表记录每次互动教师所用调节的调节尺度（见表5-1）和学习者的回应等级（见表5-2）。

表5-1 教师调节尺度量表

1	帮助学习者开始叙述
2	接受学习者的回应
3	要求学习者重复
4	要求学习者确认
5	提醒学习者注意题目要求
6	要求学习者重述答案
7	确认错误的位置
8	指出错误

续 表

9	给出元语言提示
10	翻译
11	提供例子和说明
12	给出选项
13	提供正确的答案
14	给出解释
15	要求学习者进行解释

注：Poehner，2008

表5-2 学习者回应等级量表

1	没有回应
2	重复调节者的话
3	不正确的回应
4	请求额外的帮助
5	回应中考虑调节者的反馈
6	克服困难
7	提供解释
8	将调节者作为资源
9	拒绝调节者的帮助

注：Poehner，2008

　　Lantolf and Poehner（2010）报告了一项在美国芝加哥大学附属实验小学将西班牙语作为二语的课堂上进行的研究。该校每个班每天有15分钟的西班牙语课，Tracy是该校唯一的西班牙语教师，她参与了Lantolf和Poehner负责的《动态评价操作手册》的相关工作，于是想将动态评价用于真实的课堂中来改进自己的教学。研究者对其课堂教学进行录像。根据学生和教学实际，Tracy认为干预式动态评价更适合自己的情况。课前她会准备一个调节清单，包括从内隐到外显的6—8步（见表5-3）。为了系统记录学生接受调节的次数、等级和错误类型，Tracy制作了随堂记录表（见表5-4）。

表5-3　教师调节步骤

1	停顿
2	用疑问语气重复整个短语
3	只重复句子中有错误的部分
4	教师指出句子有错误。或者问学生："这个句子存在什么问题？"
5	教师指出错误的词语
6	教师给出选项
7	教师提供正确的答案
8	教师提供解释

注：Lantolf and Poehner，2010

表5-4　课堂互动信息记录表

NAME	INTRCT.1	INTRCT.2	INTRCT.3	COMMENTS
Gabriela	3			dos ala gris
Manuel				
Vicente	6			dos orejas cafe
Roberto				
Amora	0			dos ojos negros
Raquel				

注：Lantolf and Poehner，2010

Poehner and Lantolf（2013）将动态评价应用于中文、法语的听力理解、阅读理解在线考试中。被试为大学第四学期的学生，英语母语者。题型为多项选择（每道题有5个选项），为受试提供标准化调节提示（为提供合适的调节，前期对每道题目进行了一对一互动式的探测性研究）。听力理解测试包含四篇短文，学习者先听两遍，然后呈现问题和选项。要测的语言要素包括词汇、语法、篇章、文化、语音。阅读理解测试要测的要素包括词汇、语法、篇章、文化。问题和选项均以英文呈现。学习者答对后，会提供对正确答案的解释，以避免学习者对自己的选择并没有把握或者是猜对的情况。

迁移测试题目和其他题目一样有5个选项、提示，每道题并对应一个语言要素。二者唯一的区别是难度，迁移测试题目难在词汇密度大和内容熟悉度低上。计分方式：第一次就答对了给4分，第二次答对了给3分，第三次答对了给2分，第四次答对了给1分，第五次答案自然出来了给0分。该研究报告了3种分数：①实际分数。所有的4分相加。②调节分数。所有得分相加，包括4分。③学习潜能分数。该研究的学习潜能分数计算公式（见式5-1）在Kozulin and Garb（2002）公式的基础上进行了改进，沿用了Kozulin and Garb（2002）中学习潜能分数公式的格式（见式5-2），用实际分数取代了前测分数，用调节分数取代了后测分数，分母为试卷的满分。

$$LPS = \frac{(S_{post\text{-}mediation} - S_{actual})}{Max\ S} + \frac{(S_{post\text{-}mediation})}{Max\ S} \tag{式5-1}$$

Abbreviated as follows：

$$LPS = \frac{2(S_{post\text{-}mediation}) - S_{actual}}{Max\ S} \tag{式5-2}$$

Kozulin and Garb（2002）这一公式从Vygotsky关于最近发展区的理论出发，不只考察学习者独立表现时的能力，而是强调学习者的获益分数（Gain Score）。然而，这一获益分数的计算是后测成绩与前测成绩之差，Vygotsky认为，获益分数可以通过对比学习者独立完成任务时的表现和在他人帮助下的表现得出。但该公式中的后测成绩是学习者独立完成任务时的成绩，没有互动，不是在他人帮助下的表现。尽管在后测施测之前有调节阶段，后测成绩也只能算是在他人帮助之后获得的成绩。通过后测减去前测成绩得出的获益分数不能反映学习者的最近发展区，只能反映调节阶段的学习效应，是学习者已经形成的能力的比较，不能反映学习者正在形成的能力。

Poehner and Lantolf（2013）对Kozulin and Garb（2002）中的学习潜能分数计算公式进行了改进，不再采用"前测—调节—后测"的"三明治范式"，而是采用"蛋糕式范式"，提出了"调节分数"这一概念。这一概念的提出是在前人的研究基础上的巨大进步。首先,"调节分数"反映了学习者在他人帮助下的表现,具有构念效度。其次,使正在形成中的能力(学习潜能)得以量化,并通过不同的赋值来体现学习者需要帮助的次数和等级的不同。Poehner and Lantolf(2013)认为,能力不是隐藏在学习者身体里,只有通过调节才能被释放出来的,而应被理解为对调节的开放态度(Openness to Mediation)。他们不认为学习者体内有那么一种有待我们测出来的隐藏的、固定的能力,而认为学习者的能力在动态变化之中,经历从无到有、从弱到强的过程。对调节的开放态度,使学习者可以利用他人调节自己的过程来调节自己的思维活动。正如Leont'ev(1981)说的那样,"能力不是生来就有的,而是在生活中逐渐形成的,特别是在完成相关活动的过程中形成的"。

然而,在实际应用中我们发现Poehner and Lantolf(2013)的公式存在一定的问题。孙志君等(2021)指出假如一套试卷共有10道题目,我们有3个学生,分别是A、B、C,其中A第一次尝试就做对了全部题目,B第二次尝试时做对了全部题目,C第三次尝试才做对了全部题目。第一次尝试就可以做对题目给4分,第二次尝试时做对题目给3分,第三次尝试时做对题目给2分,第四次尝试时做对题目给1分,没做对给0分。实际分数为考生在这次考试中所有全部独立完成的题目数乘以4,调节分数为实际分数加上其他得分的题目数乘以相应的分数。那么3位考生的学习潜能分数依次是:

$$LPS_A = \frac{2 \times (10 \times 4) - (10 \times 4)}{10 \times 4} = \frac{80 - 40}{40} = 1$$

$$LPS_B = \frac{2 \times (10 \times 3) - (0 \times 4)}{10 \times 4} = \frac{60 - 0}{40} = 1.5$$

$$LPS_C = \frac{2 \times (10 \times 2) - (0 \times 4)}{10 \times 4} = \frac{40 - 0}{40} = 1$$

从上述分数中可以看出,本应是能力最强的A考生却与中等水平学生C的学习潜能分数一样,学生B的分数超过了学生A的,这是这个计算公式存在的根本问题。孙志君等(2021)经过归纳推理得出实际分数的分值应为最内隐调节分值的 2 倍加 2，解决了 Poehner and Lantolf（2013）公式中存在的问题（见式 5-3、式 5-4）。

$$\text{Actual score} = N \times \text{Solo performance} \qquad （式 5\text{-}3）$$
$$\text{Solo performance} = 2 \times \text{Mediation type}_1 + 2 \qquad （式 5\text{-}4）$$

注：Mediation type$_1$ 指最内隐的调节。

在 Erlam 等（2013）的研究中，学习者在写完两篇作文后接受口语辅导，一组学生接受社会文化理论框架下的渐进式反馈（Graduated Feedback），另一组学生接受认知—互动框架下的外显反馈（Explicit Feedback）。对反馈环节的详细分析显示，虽然渐进式反馈在提高自我修正方面有效，没有证据显示学习者在接受帮助的等级上有系统性的下降。相反，外显反馈带来的自我修正较少，但是完成速度更快。针对 Erlam 等（2013）的研究结果，Lantolf 等（2016）进行了理论上的反驳，并提供了实证性证据。该研究指出，Vygotsky（1987）认为发展是革命性的，我们不应该预期学习者在某一时间点需要外显调节，到了下一时间点同一学习者所需调节的外显程度就会降低。该研究用 Aljaafreh（1992）的实证证据来补充 Lantolf and Aljaafreh（1995）的数据。这些数据显示即使在调节等级量表上调节从比较内隐回退到比较外显，也不会回退到学习过程的起点——调节最外显的情况。

三、汉语口语调节互动实施及评价方案

调节互动作为一种口语教学方式，其中的"教"并非传统意义上的知识传授和技能操练，而是以教师调节等级量表为依据，根据学习者的回应通过"调节"来教，旨在与学习者共同构建最近发展区，促进学习者从他人调控走向自我调控；"学"也并非传统意义上的被动接受知识和技能的传输，而是发挥主观能动性通过"调节"来学。

（一）实施方案

调节互动由"评"和"教"两个步骤来实现。教师首先要对学习者的回

应做出评估，然后根据评估的结果决定下一步的调节策略，即对学习者的回应采取何种方式或何种类型的调节，其依据是教师调节等级量表。该量表建立在已有研究（Aljaafreh and Lantolf，1994；Poehner，2008）和预实验师生互动语料的分析结果上，分为13级，按照从内隐到外显的程度展开。教师首先提供隐性程度最高的调节，接受学习者的回应，使其表达继续下去（第1级）。当学习者的表达中出现错误时，教师以停顿等方式引起学习者的注意（第2级），希望学习者能够意识到句子中存在问题。在一系列调节后，如果学习者还没有自我改正的能力，教师给出解释和例子（第12级），直至给出正确答案（第13级）。教师提供的调节类型的变化反映了学习者学习潜能的发展，学习者接受的调节等级越高，调节的数量越多，其学习潜能越低。

（二）评价方案

在最近发展区理论框架下，本文从两个维度对学习者的口语能力进行评价：①学习者位于实际发展区（Zone of Actual Development）的已有能力，评价指标是学习者独立完成口语表达任务时口语产出的准确度。②学习者位于最近发展区内正在形成中的能力，即学习者的学习潜能。评价指标是学习者的调节分数和学习潜能分数。其中，调节分数反映学习者在他人帮助下的表现，是对学习者在互动过程中所需调节数量和等级上差异的量化；学习潜能分数反映学习者对调节的回应程度，可以看作预测学习者在未来的教学中能够获益多少的指标（Van Compernolle and Zhang，2014）。本研究根据孙志君等（2021）的研究结果对实际分数进行赋值，并套用Poehner and Lantolf（2013）的公式计算学习潜能分数。

四、研究方法

（一）实验目的

通过"前测—互动环节—后测"的实验范式对比调节互动和非调节互动两种互动方式对学习者学习潜能和口语表达水平的效果，旨在考察调节互动对学习者学习潜能发展的作用以及学习潜能对学习者口语表达水平的影响。

（二）实验设计

本实验采用2×2两因素混合实验设计。

自变量一为互动方式。被试间因素分为两个水平：①实验组为调节互动，教师根据汉语口语调节互动实施方案与学习者互动。②对照组为非调节互动，在学习者产出错误的句子时，教师告诉学习者正确的表达方式。自变量二为测试时间。被试内因素分为两种水平：前测、后测。

因变量：①学习者在前测、后测中的得分。②学习者在师生互动环节中所得调节分数和学习潜能分数。

（三）被试

汉语二语学习者34人，HSKK（汉语水平口语考试）水平为初级。菲律宾人，英语作为第一语言，年龄在16～18岁之间。其中实验组16人、对照组18人。

（四）实验程序

实验分为前测、师生互动、后测3个环节，全程实时录像。

前测的实验任务为看图说话，请被试用"把"字句对10张图片依次进行描述。

互动环节的任务仍为看图说话，共6张图片。教师先请被试用"把"字句对图片内容进行描述，如果被试产出正确，计14分，呈现下一幅图片；如果被试产出错误，实验组和对照组师生互动及计分方式不同。实验组教师依照教师调节等级量表对被试进行调节，并根据学习者正确回答某张图片时，教师所使用调节的等级给出相应的调节分数（见表5-5）。教师调节的隐性程度越高（1级为最高，13级为最低），对应的调节分数也越高。调节等级量表分为13级。仅通过最隐性调节就能回答正确，得13分，依次类推。对照组教师在学习者产出有误时直接告知正确答案，教师提供正确答案相当于调节等级量表的最显性调节（13级）。在教师提供正确答案后，学习者回答正确计1分，回答错误计0分。

被试于互动环节结束30分钟后进行后测。实验任务及材料与前测一致。

表 5-5　教师调节等级量表（从隐性到显性）及相应调节分数

调节等级	调节分数
（1）接受学习者的回应，使学习者的表达继续下去	13分
（2）停顿/重复学习者的话	12分
（3）提醒学习者注意题目要求	11分
（4）请学习者重述	10分
（5）要求学习者确认	9分
（6）明确告诉学习者句子存在问题	8分
（7）指出错误的位置或类型	7分
（8）对错误位置的不正确识别给予否定/对正确识别给予肯定	6分
（9）指出错误	5分
（10）对学习者错误的纠正给予否定	4分
（11）通过教学卡片提供元语言提示	3分
（12）给出解释和例子	2分
（13）提供正确答案	1分

（五）计分方法

正确产出计1分，例如"麦克把书包放在椅子上了"；句子缺少动词或介词，计0.5分；句子结构混乱或者没有使用"把"字句计0分；发音错误等，不扣分。

实际分数：学习者在独立完成图片描述任务中所得分数之和，回答正确计14分，回答错误计0分；调节分数：每张图片的调节分数之和，每张图片的调节分数为学习者正确产出时所使用的调节等级对应的分数；学习潜能分数。

（六）实验结果

本文从以下3个方面对实验结果进行分析：①对比实验组、对照组的调节分数发展轨迹；②对比高、低学习潜能组被试的后测成绩；③对比高、低学习潜能组被试的调节分数发展轨迹。

第一，为考察学习者在互动环节中6张图片上所得调节分数的发展轨迹，我们依据被试每张图片调节分数的均值绘制散点图（见图5-1）。从图5-1可以看出，对照组被试的调节分数很平稳，基本维持在图1的水平。这说明学习者所处的调控阶段没有显著进步。实验组被试的调节分数总体呈现上升趋势，但是中间有曲折变化。为了进一步分析实验组被试调节分数的发展轨迹，我们对各图片学习者调节分数的差异进行配对样本t检验。结果显示，图2和图3的调节分数均值差异达到边缘显著（$p=0.051$），其余相邻图片的调节分数均值差异均不显著（$p>0.05$）。从图5-1中可以看出，从图1到图2，学习者调节分数稳步上升，图3进步较大，显著高于图1和图2。图3到图6分数小幅波动，但各图片间差异不显著，保持了图3的进步。小幅波动可能是受学习者疲劳或者生词的影响，同时说明学习者的能力还没有稳定建立，毕竟每张图片的调节时间只有几分钟。学习者是在利用陈述性知识进行加工，受认知加工资源的限制，没有达到程序化，因此出现小幅波动。学习者调节分数的进步，说明学习者接受的教师的调节等级越来越趋于隐性，表明学习者正处在从他人调控向自我调控转变的过程中，越来越靠近自我调控。

表5-6 实验组、对照组在互动环节6张图上的调节分数均值

（单位：分）

	图1	图2	图3	图4	图5	图6
实验组	8.19	10.81	13.06	11.38	12.88	11.44
对照组	5.8	5.87	6.67	5.87	6	5.93

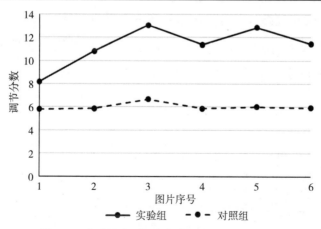

图5-1 实验组和对照组调节分数发展轨迹对比

第二，已有研究（Kozulin and Garb，2002；Poehner and Lantolf，2013）基于学习者学习潜能分数的总体分布情况将学习者分为高学习潜能、中学习潜能、低学习潜能三组。这里的高低是相对的，没有绝对的标准。本文根据实验组被试学习潜能分数的总体分布情况，以0.7为界，将其分为两组，学习潜能分数高于0.7的为高学习潜能组（n=9），学习潜能分数低于0.7的为低学习潜能组（n=7）。对高学习潜能组和低学习潜能组被试的后测成绩进行Mann-Whitney U检验。结果显示：高学习潜能组与低学习潜能组被试后测成绩差异显著，$Z=-2.162$，$p<0.05$。具体表现为高学习潜能组被试的后测成绩显著高于低学习潜能组。

第三，对实验组高、低学习潜能组被试调节分数的发展轨迹进行比较（见图5-2、表5-7），考察不同学习潜能的学习者在学习过程中的表现是否有差异。从图5-2可以看出，低潜能组被试图1、图2平均分完全相同，到图3才有了显著进步。图3到图6波动较大，但没有显著差异，说明图3的进步得到了保持。大幅波动说明学习者表现不稳定，受外在因素影响较大。图6的分数普遍较低，可能是受疲劳或生词量的影响。高学习潜能组图2比图1有显著提高。比起低潜能组，高潜能组被试拐点出现得较早，进步发生得更快。这反映出学习潜能高的学习者由于拥有更多的调节学习体验，能够在环境中获益更多，在面对新的知识和技能时，学习能力更强，学得更快。学习者在图2到图6在较高的分数段（接近满分）平稳发展，基本没有波动，说明他们的发挥更加稳定。稳定的表现反映出了他们受认知资源限制、疲劳、生词量的影响较小，更接近程序性知识，内化程度更高。

表5-7　高、低学习潜能组在互动环节6张图片上的调节分数均值

（单位：分）

	图1	图2	图3	图4	图5	图6
低学习潜能组	7	7	12.57	9.71	12.14	8.86
高学习潜能组	9.11	13.78	13.44	12.67	13.44	13.44

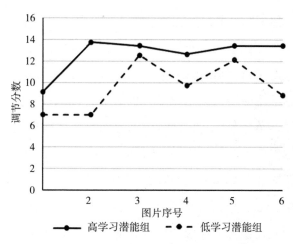

图5-2　高、低学习潜能组调节分数发展轨迹对比

五、结果与讨论

（一）调节互动能够有效促进学习者学习潜能的发展

首先，对实验组调节分数发展轨迹的分析显示，虽然在独立描述这6张图片时学习者都出现了错误，表面看起来，学习者在6张图片上没有进步，但是通过调节分数的变化，我们可以看到在他人帮助下，学习者在每张图片上的表现是不同的。学习者的调节分数反映了学习者对调节的回应程度和利用调节的能力。从图中我们可以看到学习者需要的调节等级越来越隐性，逐渐靠近自我调控，能动性逐渐增强。徐锦芬、雷鹏飞（2018）指出，现有研究常把最近发展区看作早已存在于学习者心智中的属性，几乎没有实验研究涉及最近发展区起点、终点的特征和测量。这一轨迹图对学习者最近发展区的起点、发展过程和终点进行刻画，呈现了学习者学习潜能的发展趋势。正是由于学习者的学习潜能的提高，使学习者跨越最近发展区，才带来了学习者独立表现时的进步，让我们看到了学习者从"不会"到"会"的过程。

其次，对对照组调节分数发展轨迹的分析显示。对照组被试的调节分数基本保持图1的水平，变化不大，表明学习者的学习潜能没有随着时间的推移而增强。有些被试的调节分数是0，也就是说，在教师给出显性程度最高（13级）的调节后，学习者依然无法正确产出。从表面上看，对照组教师直接提供正确答案给予了学习者足够的帮助，其实不然。同样都是给出显性程度最高的调节，对照组教师的做法与实验组教师按照调节等级量表逐步调节，根据学习者的情况最终给出第13级调节的做法具有本质区别。对照组的分数虽然也被称作"调节分数"，但只是为了便于和实验组进行比较。对照组教师本着"输入—输出"的理念，寄希望于给学习者提供足够的输入，学习者就能正确产出，从而忽略了学习者的最近发展区和学习者所处的调控阶段，没有充分调动学习者的主观能动性，导致学习者一直处于被动接受的状态。

虽然我们对实验组和对照组的调节分数发展轨迹进行了对比，但这并不意味着对照组被试的学习潜能一定比实验组被试弱。学习潜能并不是学习者身体内固有的天生的属性，而是与师生是否共同创造了最近发展区有关。实验组被试接受了合适的调节，师生共同创造了最近发展区，学习潜能被开发了出来；而对照组被试没有接受合适的调节，师生没有共同构建出最近发展区，未能展示出学习潜能。由此可见，最近发展区不是预先设定好的，它的有无取决于师生的共同构建（Lantolf and Poehner，2010）。Feuerstein等（1988）认为，如果学习者的表现不好，那是因为调节的类型或数量不够充分。因此，对照组被试的调节分数低，不代表他们的口语能力差，只能说明他们没有接受足够的调节类型和数量。

（二）学习者学习潜能的发展能够促进学习者的口语表达

实验结果显示，高学习潜能组被试的后测成绩显著高于低学习潜能组被试的后测成绩。这表明，学习潜能分数在一定程度上可以预测学习效果。Van Compernolle and Zhang（2014）认为，学习潜能分数越高，学习者对调节的回应就越强，意味着他已经具备从未来教学中获得更大进步的能力。Feuerstein等（1988）认为，学习者的调节学习体验越多，那么他未来在直接学习环境中获益的可能性就越大，获益的能力也就越强。

进一步对两组被试的调节分数发展轨迹进行分析，结果显示比起低学习潜能组，高学习潜能组被试进步拐点出现得更早，进步发生得更快。这表明学习潜能高的学习者的调节学习体验更多，利用和掌握调节工具的能力更强，即学习能力更强。在面对学习任务时，不但能够获益更多，同时学习效率也会更高。因此，相较于预测作用，我们倾向于将不同学习潜能学习者在后测成绩上的差异解读为学习潜能对学习者口语表达具有促进作用。

六、结　语

本文考察了调节互动对学习者学习潜能发展的调节效应，研究发现，调节互动不但为我们开启了观察学习者学习潜能的窗口，有助于全面解读学习者的口语能力，还为我们提供了促进学习者学习潜能发展，实现从他人调控走向自我调控的途径。鉴于此，我们尝试提出以下教学建议：

（1）在目前的分班测试中，教师只对学习者独立完成任务时的表现进行评价。而这一做法忽略了学习者在最近发展区内的能力，可能会高估或低估学习者。比如，有的学习者虽然已有水平高，但是学习潜能低、学得慢，有的学习者已有水平低，但是学习潜能高、学得快，如果这样两类学习者分在一个班内，前者可能会丧失自信心，后者可能会很快赶上来，出现"吃不饱"的现象。在分班测试中，我们可以从学习者独立完成任务和在他人帮助下的表现两方面来对学习者做出评价，并利用学习者调节分数、学习潜能分数等信息，为学习者设计更加符合其需求的教学方案。

（2）教师与学习者是共同构建最近发展区的合作者，应充分发挥学习者的能动性。然而，在教学中重视学习者能动性的发挥并不等同于学习者的自主学习。在调节互动中，也要重视教师的作用，学习者是主人，教师也是主人，二者不可偏废，师生双方通过共同构建最近发展区实现学习者口语能力从心理间到心理内的转化。

本文只考察了学习者口语表达的准确度，没有考察流利度和复杂度，调节互动对于学习者口语产出的流利度和复杂度是否具有促进作用还有待进一步考察。本文中互动为一对一的师生互动，未来可针对一对多的师生互动模式和课堂教学进行考察。

第二节　基于调节学习体验的学习者口语能力发展过程与机制研究

一、引 言

在评价汉语二语学习者口语能力时，教师常常以学习者独立完成口语表达任务时的表现作为依据，忽略学习者的最近发展区。最近发展区（Zone of Proximal Development）是指学习者认知能力的实际发展水平与其潜在发展水平之间的距离（Vygotsky，1978）。在这一理论框架下，学习者独立完成任务时的表现代表了其已有能力，也就是学习者的实际发展区（Zone of Actual Development），仅以学习者独立完成任务时的表现来衡量学习者的口语能力，会使我们忽略学习者位于最近发展区内的学习潜能（Learning Potential）。在课堂教学中，通过调节互动可以诊断学习者位于最近发展区内的学习潜能，并在这一过程中促进学习潜能的发展。调节互动是指在师生互动过程中，根据学习者的回应，教师遵循从隐性到显性的原则为学习者提供一系列调节的互动方式（Feuerstein et al.，1988）。之所以为学习者提供一系列显性程度不同的渐进式调节（Graduated Mediation），而非单一类型的反馈，是为了在这一过程中充分调动学习者的能动性，与学习者共同构建最近发展区。

二、文献综述

Aljaafreh and Lantolf（1994）在最近发展区的理论框架下对教师运用教师调节尺度量表（Regulatory Scale）与两名英语学习者进行"一对一"的作文修改活动进行了考察。研究表明，通过教师调节，学习者在发现和纠正错误过程中对他人调节的依赖不断减少，自我调节能力增强。为进一步对学习者的互动行为进行细致考察，Poehner（2005）在Lidz（1991）的研究基础上提出"学习者回应等级量表"（Learner Reciprocity Typology），对学习者回应的类型进行考察。Lantolf等（2016）指出第二语言的发展不能只看学习者独立完成任务时的表现，还要关注师生互动过程中学习者所需教师调节数量和类型的变化以及学习者回应程度的变化。也就是说，即使学习者在两个时间点都不能独立完成口语表达任务，但如果比起时间点1来说，学习者在时间点2需要的调节次数更少，调节等级更加隐性，或者学习者对教师调节的回应程度更高，我们便有理由认为学习者的学习潜能提高了，实现了从Other-regulation向Self-regulation的过渡。通过考察学习者在所需调节数量和类型上的变化，可以了解学习者所处的发展阶段。

已有研究为本研究的设计与实施提供了重要参考，但仍存在以汉语二语为对象的研究较少，关于调节互动作用的结论并不一致，缺乏对学习者学习潜能发展过程的历时追踪等问题。针对上述问题，本研究首先通过观察学习者在调节互动过程中不同时点上的变化，考察其学习潜能发展过程，具体包括学习者所需教师调节数量和类型的变化过程，以及学习者对教师调节回应程度的变化过程；其次，通过对师生互动语料进行微观发生分析，解释学习者学习潜能发展的原因，揭示学习者经由他人调控实现自我调控的机制。

三、研究方法

（一）研究目的

以学习者所需教师调节数量和等级的变化、学习者回应等级的变化为依据勾勒学习者最近发展区的起点、变化过程和终点，考察学习者学习潜能的发展过程。

（二）被试

汉语二语学习者，第一语言为英语。汉语水平考试（HSK）水平为2级，汉语水平口语考试（HSKK）水平为初级。

（三）任务及实施步骤

教师以"一对一"调节互动的教学形式帮助学习者完成看图说话任务。教师呈现图片，请学习者用"把"字句对图片内容进行描述。如果学习者的口语产出无误，教师呈现下一张图片；如果学习者的口语产出存在问题，教师根据学习者的回应，按照教师调节等级量表遵循从隐性到显性的顺序为学习者提供渐进式调节。共呈现6张图片，全程录像。

1. 教师调节等级量表

教师调节等级量表（见表5-5）按照从隐性到显性的原则展开，共分为13级，从第1级调节到第13级调节显性程度不断增强（贾琳、王建勤，2021）。学习者所需要的调节的显性程度可以反映出学习者离独立完成任务的距离。也就是说，只需要隐性调节（比如请求重复）的学习者比需要更多调节的学习者（比如给出解释和例子）更加接近独立完成任务。相较于已有研究中的量表，该量表增加了物化（Materialized）调节工具的使用。每张图片对应3张教学卡片，卡片1的作用是展示图片内容，卡片2和卡片3通过教学卡片这一物化形式分别为学习者提供元语言提示（"把"字句结构）和正确答案。蒋荣（2013）的研究表明物化工具的使用可以有效将任务难度降阶，相比言语，以教学卡片形式呈现的"把"字句结构物化程度更高，便于学习者进行心理加工。

教师调节等级量表按照从内隐到外显的程度展开，从第1级调节到第13级调节是一个显性程度不断增强的连续统（见表5-5）。下面对每一等级进行举例说明。

（1）接受学习者的回应，使学习者的表达继续下去

第1级也是隐性程度最高的调节是"接受学习者的回应，使学习者的表达继续下去"。这一调节是指教师对学习者的回应予以接受，教师关注的是学习者叙述的内容而非汉语的使用（比如"把"字句的结构）。这一调节类型与我们日常生活中的互动类似，有时教师以"嗯""好的"进行回应。当学习者在意义表达过程中遇到词汇上的问题时，教师提供正确的形式。

Poehner（2005）认为这一类型的调节的作用不容忽视。当学习者不确定自己的产出是否正确时，教师这一类型的回应可以给予学习者信心，让他们知道自己的产出是可以被理解的，鼓励学生继续叙述下去。

1　T:（展示图4）

2　Chu: 玛丽放···她···啊···放···书包···⁰书包⁰···放（.）到···车?^①（笑）

3　T: 行李车 luggage cart

（2）停顿/重复学习者的话/重述学习者的话

这一类型的调节隐性程度较高，当学习者的表达中出现错误时，教师以"停顿""重复学习者的话""重述学习者的话"的方式引起学习者的注意，希望学习者能够意识到句子中存在问题。与上一等级的调节不同，这一类型的调节不再只关注意义，还开始关注语言形式。当然，不是所有学习者都能够意识到自己的错误，他们甚至意识不到教师是在提供调节。但是教师通过这种方式给予了学习者一次自我反思的机会。

停顿

1　Zhi: 他想……他想书包……放在车上

2　T:（老师没有说话，看着学习者）

3　Zhi: 不对?

4　T: 不对（笑）

5　Zhi: 哦

重复学习者的话

1　Lee: 玛丽把书包……挂……啊，挂门

2　T: 玛丽把书包挂门。

3　Lee:　　　　[yeah?

重述学习者的话

---

①此处转写符号标注说明见附录10。

1 Xu：小明把椅子搬在洗手间（.）上了

2 T：洗手间里了

3 Xu：里，里了

（3）提醒学习者注意题目要求

由于题目要求是请用"把"字句描述图片，当学习者的产出没有按照题目要求完成时，教师给出这一提示。对于母语者或水平较高的学习者来说，用"把"字句来描述图片中的内容是自然、恰当的。但是对于初级水平学习者来说，往往会忘记或回避使用"把"字句。不论是忘记还是回避都反映了学习者对"把"字句掌握不熟练，不知道在什么样的场景下应该使用。这时教师需要提醒学习者使用"把"字句，给学习者一次机会，然后再考察他们对"把"字句的掌握情况。下面的例子中，学习者没有用"把"字句来描述图片内容，经教师提示后做出了改变。

1 Ming：小明在放他的书桌子上

2 T：用把怎么说

3 Ming：他把他的书放桌子上

4 T：对吗？

5 Ming：他……他把他的书……放在桌子上

（4）请学习者重述

当教师发现学习者正在组织加工语言，或者已经意识到自己的错误，但是还需要时间来改正时，教师通过请学习者重述，给予学习者充分的思考时间和第二次表达的机会。

1 Lim：公安把汽车……开……开在停车场（.）停车场上

2 T：上？里

3 Lim：里，停车场里

4 T：对。开在？在，对吗？

5 Lim：enter，开

6 T：开：：

7　Lim：no 老师，enter you said earlier，开

8　T：yeah 开：

9　Lim：开：：到

10 T：对：

（5）要求学习者确认

当学习者没有意识到自己的句子存在问题时，教师通过请学习者确认的方式，引起学习者的注意，使学习者对自己的句子进行检查。常用的方式包括"对吗""再想一想""句子有问题吗"。

1　T：小明把椅子在他的房间，对吗？

（6）明确告诉学习者句子存在问题

这一提示在已有文献的调节等级量表中都没有出现。在本研究中我们增加了这一调节。原因是在师生互动中，在教师"要求学习者确认"后，有几名学习者仍坚持认为自己的句子没有问题，可能是由于学习者回避教师的问题，或者不愿意进一步思考；也有可能与学习者的年龄有关，学习者为16~18岁的青少年，非常自信。以往的文献中教师不需要给予这一提示，是由于学习者在教师"要求学习者确认"后，即使找不到错误位置在哪里，也会默认自己的句子是有问题的。

在本研究中，教师必须明确告诉学习者句子存在问题，让学习者与教师达成共识，才有师生共同构建最近发展区的前提。

1　T：有问题吗这个句子？

2　Lim：啊，没有问题

3　T：没有问题？

4　Lim：没有问题

5　T：Are you sure？

6　Lim：（笑，看着老师想了想）yes，老师，very sure

7　T：有问题

8　Lim：没有问题（摇头）

9　T：有问题

10 Lim：（愣了一下）ok

（7）指出错误的位置或类型

当学习者不知道句子的问题在哪儿时，在明确指出错误之前，教师通过指出错误的位置或类型的方式帮助学习者缩小检查范围，将注意力聚焦在有问题的地方。

1　Chu：放他的家？

2　T：不对

3　Chu：放那里

4　T：放…他的家中间少了一个词

（8）对错误位置的不正确识别给予否定／对错误位置的正确识别给予肯定

当教师指出错误的位置或类型后，学习者开始修正。当学习者没有正确修正时，教师对学习者的不正确识别给予否定。这其实是在进一步帮助学习者验证假设，缩小范围。

对错误位置的正确识别给予肯定，是帮助学习者验证假设，引导学习者在找到错误位置或类型的基础上，尝试改正错误。

对错误位置的不正确识别给予否定

1　T：少了一个词

2　Lim：Missing verb？　No

3　T：Not verb

4　Lim：Wrong verb！

5　T：No，the verb is correct. Missing one word，not the verb

对错误位置的正确识别给予肯定

1　T：（笑）想一想哪里不对

2　Chu：Verb

3　T：对，Verb

（9）指出错误

1　Juan：小明把书挂在桌子上

2　T：是挂吗？

（10）对学习者错误的纠正给予否定

学习者知道自己的错误出在哪里，也试图改正，但是没有改对，这时教师对学习者的错误纠正给予否定，是帮助学习者排除假设。

1　T：放…他的家中间少了一个词

2　Chu：　　[里面　　[啊？

3　T：放什么他的家？

4　Chu：放里面他的家

5　T：不是里面

（11）给出元语言提示（以卡片的形式提供）

这一提示通过提供相关专业术语和概念来帮助学习者改正错误。通过提供元语言提示，一方面，我们可以了解学习者对相关概念和术语的熟悉程度和掌握情况，以及他们利用元语言知识进行概念调节的能力；另一方面，我们为学习者提供了又一次学习的机会，帮助他们通过掌握概念这一调节工具来完成任务。与已有研究不同的是，本研究中的元语言提示是以卡片的形式给出的。比起言语形式，以卡片形式呈现的"把"字句作为物化调节工具，不是转瞬即逝的，物化程度更高，便于学习者进行心理操作和加工。

1　Zhi：他放…^{0}no not 放^0 I forgot

2　T：来看一下（展示卡片2）

（12）给出解释和例子

元语言提示中涉及相关术语和概念，是自上而下的调节方式。而"给出解释和例子"是在学习者不熟悉或者没有掌握相关术语、概念的情况下使用的。通过给出解释和例子这种自下而上的方法帮助学习者理解相关术语和概念。

1　Chu：I forgot what the noun a verb and all of those are

2　T：哦，verb is action

3　Chu：哦！ >okokok<

4　Chu：我不知道 verb（笑）

5　T：you can use 放 put 放

（13）提供正确答案

当以上调节都没有达到目的时，教师为学习者提供正确答案。在实验组被试的师生互动过程中，教师没有提供这一等级的调节，也就是说，在教师的调节下，不需要教师提供正确答案，学习者都正确产出了相应的句子。

在对照组被试的师生互动中，由于对照组不是按照调节量表进行调节，而是当学习者出现错误时直接给出正确答案，因此采用的是这一调节等级。为了对实验组和对照组被试的调节分数进行比较，因此将这一调节等级纳入量表之中。

1　T：大卫想把书放在哪儿？

2　Kaw：书架

3　T：大卫想把书放在书架上

4　Kaw：书架上

2. 学习者回应等级量表

学习者对教师调节的回应能够反映出他们所处的发展阶段。在学习者回应等级量表（见表5-8）中，从1级回应到10级回应构成了学习者语言能力发展的连续体。比如，"不正确的回应"与"不回应或回避教师的问题"相比，属于更高一级的回应，尽管前者的回应是不正确的，但是他尝试吸收教师提供的调节，因此在学习潜能上好于后者。Poehner（2008）认为，学习者的回应行为不仅包括学习者对教师提供调节的反应，还应包括学习者主动寻求甚至拒绝调节的行为。除此之外，在语料分析过程中我们还发现了学习者主动使用调节工具进行自我调节的行为，这在已有量表中没有出现过。在我们看来，这一行为是学习者学习潜能提升的明显标志，因此将"尝试自我调节"纳入本研究的学习者回应等级量表。

根据学习者回应程度的不同可以看出学习者所处的发展阶段。第1级到第4级为他人调控阶段：学习者需要依靠他人才能完成任务，如果没有来自他人的帮助，学习者不能发现或者改正自己的错误。第5级到第9级为部分自我调控阶段：学习者开始自己承担改正错误的责任，不需要他人帮助或者在非常少的帮助下就可以发现并改正错误，学习者甚至会主动拒绝来自教师的帮助。第10级为自我调控阶段：学习者能够更加稳定的在所有场合正确使用目标结构。在大多数情况下，学习者对正确结构的使用已经达到了自动化的程度，发现和改正错误不再需要他人的帮助，实现了自我调控。

Poehner（2005）指出动态评价研究领域常常忽视对学习者对调节的回应的研究。Lidz（1991）在Feuerstein调节学习体验理论背景下提出，师生之间互动的对话性质要求我们应该对双方的行为进行仔细的考察。她提出了"学习者回应"（Learner Reciprocity）这一术语来捕捉学习者的贡献。基于此，我们对学习者回应的类型进行考察。

上文介绍了师生互动过程中教师的调节类型。一些调节类型比另一些显性程度更高。学习者所需要的调节的显性程度可以反映出学习者离独立完成任务的距离。也就是说，只需要隐性调节（比如请求重复）的学习者比需要更多调节的学习者（比如给出解释和例子）更加接近独立完成任务。同样，学习者的回应也能反映他们所处的发展阶段。比如，"不正确的回应"与"不回应或回避老师的问题"相比，属于更高一级的回应。尽管学习者的回应是不正确的，但是他尝试吸收老师提供的调节和反馈，因此在口语产出能力上要好于后者。回应量表中，从1级回应到10级回应构成了学习者语言能力发展的连续体。根据学习者回应的等级，教师为学习者提供不同等级的调节和帮助。通过教师的调节和帮助，学习者的语言能力从低到高不断发展。

Poehner（2005）认为，回应不仅包括学习者对于教师提供调节的反应，还包括学习者主动寻求甚至拒绝调节的行为。在本研究中，除了主动寻求、拒绝调节的行为，我们还发现了学习者主动使用调节工具进行自我调节的行为，这在之前的量表中没有出现过，而在我们看来这是学习者回应能力提升的明显标志，因此将"尝试自我调节"加入了本研究的回应等级量表（见表5-8）。

表5-8　学习者回应等级量表

1	不回应或回避教师的问题
2	不正确的回应
3	请求额外的帮助
4	回应中考虑调节者的反馈
5	尝试自我调节
6	克服困难
7	提供解释
8	将调节者作为资源
9	拒绝调节者的调节
10	自我调控阶段

Aljaafreh and Lantolf（1994）将学习者的回应分为3个阶段，包含五种水平。根据Aljaafreh and Lantolf（1994）的分类，将本研究中的回应等级进行归类：等级1~4为他人调控阶段，等级5~9为部分自我调控阶段，等级10为自我调控阶段。下面结合Aljaafreh and Lantolf（1994）对不同调控阶段的划分，对本研究中的回应等级量表进行说明。

阶段一：他人调控阶段

学习者需要依靠他人才能完成任务。如果没有来自他人的帮助，学习者不能发现或者改正自己的错误。

水平1：即使是在教师的帮助之下，学习者仍不能发现或者改正错误。在这一水平，学习者没有足够的能力去理解教师提供的帮助，甚至没有意识到存在问题。因此，教师要承担起修改错误的全部责任。教师的任务不是提供纠正性反馈，而是引导学生关注目标结构，进而开启与学习者共同构建最近发展区的旅程。（对应回应等级1）

水平2：学习者可以注意到错误，但是即使是在教师的帮助下，仍没办法改正。这代表着一定程度的发展。但更重要的是，即使学习者还严重依赖教师，但比起水平1，师生之间的互动协商有了一个开端，学习者可以朝着自我调控的方向发展了。教师的帮助多位于调节等级量表中较低、较外显的

那一段。（对应回应等级2和回应等级3）

水平3：只要在他人调控下，学习者可以发现并改正错误。学习者理解教师的干预，并且可以对反馈做出回应。教师的帮助多位于调节等级量表中较高、较内隐的那一段。（对应回应等级4）

阶段二：部分自我调控阶段

不需要外部反馈，学习者就可以发现并改正自己的错误。然而，他们的表现还没有达到自动化的程度。

水平4：学习者在非常少，甚至没有明显的帮助下就可以发现并改正错误，开始自己承担改正错误的责任。然而，还没有完全发展到心理，因为学习者经常产出错误的结构，仍然需要教师来确认自己修正得对不对。学习者甚至会拒绝来自教师主动的帮助。（对应回应等级5—9）

阶段三：自我调控阶段

学习者的表达以及修正行为完全是自发的，达到了自动化的程度，错误来自口误或笔误。

水平5：学习者能够更加稳定地在所有场合正确使用目标结构。在大多数情况下，学习者对正确结构的使用已经达到了自动化的程度。发现和改正错误不需要他人的帮助，因此，学习者已经完全达到自我调控了。（对应回应等级10）

下面对各回应等级进行说明并给出相应的例子。

（1）不回应或回避教师的问题

不回应或者回避教师的问题说明学习者的现有语言水平和交际能力有限，不能理解教师的话语，无法参与到互动中来。

1 Tan：他把行李挂（.）行李车上

2 T：对吗？

3 Tan：（没有回应）

（2）不正确的回应

在教师提供调节后，学习者试图修正自己的句子，但是没有成功。

1　Lee：玛丽把书包…挂…啊，挂门

2　T：玛丽把书包挂门

3　Lee：　　　[yeah？

4　T：对吗？

5　Lee：>wait<玛丽…在门

（3）请求额外的帮助

学习者意识到教师目前提供的调节还不足以纠正自己口语表达的错误，便主动向教师提问，希望教师提供更进一步的帮助。

1　T：（笑）想一想哪里不对

2　Chu：Verb

3　T：对，Verb

4　Chu：What's a verb? 我不知道

（4）回应中考虑调节者的反馈

学习者在产出中利用了教师提供的调节和帮助。学习者的产出有可能是正确的，也有可能是错误的。但是即使还是存在错误，但是比之前的表现有进步，说明学习者从教师的调节中获益了。

1　T：少了一个词

2　Lim：Ok。小明…小明把椅子…椅子…到…到…...no 放…no—yeah 放，放，放，放到，Um，地，地上

（5）尝试自我调节

这一类型的回应在前人研究中没有。本研究的师生互动中，我们将学习者利用个体话语、元语言概念、实物或手势帮助自己产出的行为定义为尝试自我调节。这是学习者能力发展的标志，从被动接受教师的调节转变为自己承担更多的责任。

1　T：玛丽把行李到行李车上

2　Chao：Yeah. No no It sounds wired. 不对不对（摆手，表示不对）

3　T：嗯，不对，哪里不对？

4 Chao：I know it's at the end，because 玛丽 is Subject，Then 把，Then

　　行李 Object，Then verb is... 放？ Yeah 放，Then... S：：Then 啊！

　　放（.）放在（.）行李车上

5　T：嗯：好，再说一遍

6　Chao：（笑）玛丽把行李放在行李车上

（6）克服困难

学习者在教师的帮助下，利用教师的调节最终克服困难，改正了之前的错误。

1　T：她在做什么？

2　Zhi：她现在书包放到门上

3　T：对吗？

4　Zhi：不对？

5　T：不对

6　Zhi：哦

7　T：再想一想

8　Zhi：他：

9　T：少了一个词

10 Zhi：哦，他…啊…把？他把？

11 T：对，少了这个词，少了把

12 Zhi：他把书包放到门上

（7）提供解释

这一回应并不是学习者在教师的要求下做出的行为，而是学习者自发地对自己的修正进行解释。这一行为是将自己的思维过程言语化，由于学习者还没有达到完全自我调控的阶段，还不能用内在言语来调节自己，因此，这一行为是学习者利用语言将思维外化，一方面验证自己的假设，另一方面找到解决方案。同时，也为教师进一步了解学习者的发展水平和理解提供了探测窗口。

1 Chao：警察把通知放给…放给汽车

2 T：放给汽车？

3 Chao：Is there anyone there？

4 T：No，just a parking car

5 Chao：放在汽车。

6 T：Yeah

7 Chao：放在put（用右手比画往下放的动作），给give（用右手比画递给别人的动作）

8 T：Yeah yeah no person there

9 Chao：So 放在汽车

10 T：放在汽车（.）上

11 Chao：汽车上，放在汽车上

12 T：很好

（8）将调节者作为资源

这一回应等级表明学习者离自我调控更近了。请求额外的帮助和将教师作为资源是有区别的，前者是教师已经提供了帮助，但是学习者发现不足以帮助自己完成任务时，请求额外的帮助；后者是在开口前的语言组织阶段就清楚地知道自己需要哪些帮助，提前扫清障碍，这时教师的作用更像是词典或者参考书。

1 T：这是玛丽

2 Lim：>玛<—老师，这是什么？（用笔指着图上的行李车）

3 T：行李车

4 Lim：行李车，ok

5 T：luggage cart，行李车

6 Lim：Ok。玛丽把行李…放…在（.）行李（.）行李车上

7 T：非常好！

（9）拒绝调节者的调节

拒绝教师的帮助等级很高，因为学习者为自己的表现承担全部的责任，开始主导自己与教师的互动，并不时地拒绝教师的帮助。这是学习者走向自我调控的重要标志。从接受、利用教师的调节到拒绝，说明学习者自我调控的意识在增强。表明学习者很自信，认为自己可以成功说出句子。当然，拒绝调节者的帮助不代表学习者一定能够正确产出，但是这一行为反映了学习者的自信。这时教师应该给予学习者时间，耐心等待，否则就会低估学习者的能力，一方面也许学习者已经可以独立完成任务了，但是我们却没有看到。没有看到学习者能力的发展，不能给予客观评价，另一方面，也是更严重的，我们可能阻碍了学习者处在萌芽阶段的能力的发展。

1　T：搬家？

2　Chu：嗯

3　T：不对

4　Chu：>wait wait wait<　小明把：椅子…嗯：：^{0}wait^{0}椅子^{0}verb，verb，verb^0…椅子…在家

5　T：在家，对吗？

（10）自我调控阶段

在大多数情况下，学习者对目标结构的使用已经达到了自动化的程度，即使出现错误，也可以在不依赖他人的情况下进行自我修正。

1　T:（展示图片）

2　Juan：玛丽把书包书包放在啊—挂wait玛丽把书包挂在门上

3　T：好

（四）语料转写与标注

本研究利用Nvivo 11.0软件对师生互动语料进行转写，转写符号（见附录10）参照魏岩军等（2014）的研究。接着，根据教师调节等级量表、学习者回应等级量表对师生互动中教师调节的数量和类型、学习者的回应等级进行标注。

四、汉语学习者口语能力发展过程

本研究采用微观发生分析与定量统计相结合的方法从学习者所需教师调节数量和等级、学习者回应等级两方面追踪学习者学习潜能的历时发展过程。

（一）教师调节数量和调节等级的变化

通过具体考察学习者需要的特定类型的调节及他们的回应，我们可以追踪学习者在不同时间点的发展。不同时间点的师生互动情况的比较见下表。下面选取Chu、Zhi、Ming 3名学习者的师生互动语料对学习者所需教师调节数量和调节等级的变化进行详细分析（见表5-9）。

1.以学习者Chu为例

Chu在所接受的调节的次数上，总体呈现下降趋势，但是中间过程有曲折变化，可以将这一过程分为快速进步（图1—图3）、小幅回退（图4、图5）、重新取得进步（图6）3个阶段，下面对每一阶段进行具体考察。

表5-9　学习者Chu所接受教师调节的等级和数量

（单位：次）

教师调节等级	图1	图2	图3	图4	图5	图6
1.接受学习者的回应，使学习者的表达继续下去	1	2		3	1	1
2.停顿/重复学习者的话/重述学习者的话						
3.提醒学习者注意题目要求						
4.请学习者重述						
5.要求学习者确认	8			1	2	
6.明确告诉学习者句子存在问题	4			1	3	
7.指出错误的位置或类型	3				1	
8.对错误位置的不正确识别给予否定/对正确识别给予肯定	6				4	
9.指出错误						
10.对学习者错误的纠正给予否定						
11.给出元语言提示（以卡片的方式）	1					
12.给出解释和例子	3					
13.提供正确答案						
合计	26	2	0	5	11	1

（1）快速进步阶段

具体表现为在第一张图片Chu需要26次调节，而在第二张图片这一数字迅速下降至两次，在第三张图片时达到最低值（0次）。从图1到图3，学习者所需调节次数迅速下降，说明学习者对教师的依赖在降低。在图1中，教师为学习者提供了8次"要求学习者确认"，4次"明确告诉学习者句子存在问题"，3次"指出错误的位置或类型"，6次"对错误位置的（不）正确识别给予肯定或否定"，并给出了物化调节工具——卡片，以及3次"给出解释和例子"。但到了图2，虽然学习者依然没有独立正确产出，但是教师仅提供了2次最隐性的调节"接受学习者的回应，使学习者的表达继续下去"，学习者便产出了正确的句子。这说明学习者已经非常接近独立完成任务，学习者的水平得到了快速发展。在图3中，学习者达到了独立完成任务的程度，将之前的潜在发展水平变为了实际发展水平，跨越了最近发展区。

（2）小幅回退阶段

在图4和图5中，调节次数反而有所上升（分别为5次和11次），尽管调节次数比起图1（26次）来说下降了很多，但是学习者没有继续保持图3（0次）的水平。然而，我们不能仅从调节的数量变化上判定学习者退步了，还需要进一步对调节的质量和师生互动语料进行考察。

首先，对调节的质量，也就是教师提供调节对应的调节等级进行考察。与图1相比，图4和图5不仅在数量上有较大的下降，同时所需调节的质量也与图1有很大不同，调节等级趋于隐性。在图1的26次调节中，50%是比较外显的，其中还包括显性程度非常高的调节"给出元语言提示"（以卡片的方式）（1次）"给出解释和例子"（3次），但这些在图4和图5中都没有出现。在图4的5次调节中有3次是最隐性的调节，其他两次也集中在比较隐性的调节上。在图5的11次调节里显性程度最高的是"对错误位置的（不）正确识别给予否定或肯定"，不需要教师指出错误，便能够意识到错误位置和类型并成功修正。从图1到图4和图5调节质量上的变化可以看出，教师的调节从帮助学习者克服困难转变为鼓励学习者自我反思、自我确认和自我修正错误，说明学习者控制自己表现的能力在增强。

其次，对师生互动语料进行考察。因为虽然比起图1，学习者在图4和图5上是有进步的，但是没有继续保持图2和图3的高水准。Lantolf and Aljaafreh（1995）认为回退现象在二语习得的过程中是一个正常现象，我们不能因为学习者在图4和图5上的表现比图2和图3差，就判定学习者的口语能力没有发展。

Lantolf and Appel（1994）指出Vygotsky认为认知发展不是"预制模型"（Preformistic Model），预制模型将认知发展视作只是量上存在差别的进化过程。他认为认知发展是"分层模型"（Stratificational Model）。分层模型是指在儿童个体发生之前，儿童还保留着较低级的、生物属性的心理机能，然后发展成为更复杂的、更高级的、由社会文化决定的心理机能。这是一个质变的过程。他认为，社会文化环境对人类较高级的心理机能的发展起决定性作用，并呼吁对发展进行重新定义，把它看作质的问题而非量的问题，从而不再以成人的标准来描写儿童的特点，否则只会将差异等同于缺陷和不足。Vygotsky反对将儿童发展看作特定的、缓慢的、逐步累积式的变化——一个进化的过程。他认为，认知上的改变也会突然发生——一个革命的过程。他对认知发展和文化历史发展进行了一个类比：历史发展看起来是沿着一条直线进行的。当革命发生、历史断裂，幼稚的观察员看到的是灾难。对于他们来说，历史发展在这个时间点中断了，直到它重新回到笔直、顺利的道路上。Lantolf and Appel（1994）认为儿童会逐渐承担大部分责任，直到达到自我调控；但自我调控的获得不是绝对的。也就是说，当一个孩子在某个特定任务中实现了自我调控，并不代表他在所有任务和所有时候都能实现自我调控。

基于以上理论基础，我们进一步通过语料分析找出影响学习者表现的因素。

首先，我们发现，图2和图3中的词汇都是学习者熟悉的，而图4出现了生词"行李车"，图5出现了生词"停车场"和动词"停"。我们认为对生词的加工占用了学习者的认知资源，出现了生词和语法结构竞争的情况，导致学习者将注意力集中在生词时，语法结构表现变差。然而，图4和图5都遇到了生词，那么为什么图4表现得更好呢？因为图4中学习者将"行李车"简化为了自己熟悉的"车"，减少了对认知资源的占用，将注意力集中在语法结构上，因此表现得更好。这一细节为我们的推测提供了更充分的证据。

这与Poehner（2005）的研究中学习者Sara的情况一致。学习者Sara在迁移测中表现变差。Poehner在对这一现象进行分析时提到Sara，说她的注意力都放在词汇上了，导致她顾不上语法选择了，包括过去时和完成体。这一评论很有用，因为它反映了Sara知道要用时体，但是同时也反映了她不能同时加工一种类型以上的语言结构（比如词汇和时态）。其他学习者可能也是同样的原因，因为他们要用到tank、bomb、explosion等难度较大的生词。这些任务具有挑战性，可能是因为学习者一方面要保持现有的水平，同时又要关注新的问题。当然，这也提醒我们在今后的教学中，最好在预习环节帮助学习者事先扫清生词障碍，减少对学习者认知加工资源的占用。徐锦芬和雷鹏飞（2018）指出，水平较低的学习者在课堂学习中通过客体调控、他人调控逐步实现自我调控，但一旦课堂学习难度加大，超出学习者的能力范围，他便又会重新借助客体调控或他人调控的手段，比如向他人求助等。个体的心理过程重新转为人际社会过程，表明内化过程具有动态、螺旋式发展的特征。学习者Chu在图3中实现了自我调控，但是面对图4和图5时，又回到了他人调控阶段便体现了内化过程的这一特征。

其次，我们也许可以从疲劳这一角度进行解释。这与Van Compernolle and Zhang（2014）中学习者K的表现类似。K在第4套题时表现变差。Van Compernolle and Zhang（2014）认为，虽然这可能会影响测试的信度，但是这为我们提供了重要的信息：当K的认知资源因某种原因（如疲劳）紧张时，他对于英语时态的控制就会开始下降。如果K使用内隐知识加工，那么他的表现将不受影响。也就是说，我们可以认为他的表现反映了他是用陈述性知识加工，而不是程序性知识。

以上关于生词占用认知加工资源或者疲劳占用认知加工资源，都可以反映出一个问题，就是学习者还处在陈述性加工阶段。Lantolf and Poehner（2014）指出，教师的帮助是以引起学习者有意识的注意为目的，并在必要时提供元语言知识，帮助学习者有意识的去加工句子。学习者对调节的回应，量化为学习潜能分数，是反映学习者面对帮助时利用自己有意识的元语言知识的能力的一个指标。已经有很多理论讨论内隐知识和外显知识的关系，对于二语学习来说，主要是讨论外显知识是否有转化为内隐知识的可能。Van Compernolle and Zhang（2014）的研究结果支持Paradis（2009）无接口的观点。Paradis（2009）展示了内隐知识和外显知识分别由不同的不直接相连的神经系统——程序性记忆系统和陈述性记忆系统支配的证据。由于这两个神经系统在神经心理层面是不同的，因此他们没有直接的接口。然而，他认为两个系统可以同时加工，在语言使用过程中，外显知识可以间接影响内隐知识。重要的是，Paradis指出在语言使用中元语言知识的通达可以被加速，加速到自动化的程度。因此，调节可以促进学习者对元语言知识的通达速度的提高，也许可以在未来间接带来内隐知识的习得。

相较于图3和图4中学习者所用调节明显增多，可以从两个方面进行解释：一方面，学习者对于"把"字句还没有达到程序性知识的程度，需要消耗认知加工资源。学习者说"车"时是疑问语气，表明他对"车"并不确定，同时发出笑声表明对这一个用词的不自信，不知道如何说"行李车"。可见行李车对于学习者来说是新词，占用了一定的认知加工资源。后来，可能他觉得"行李车"里也有一个"车"字，用"车"也未尝不可，便自行忽略"行李车"这一个词，沿用"车"。这时如何指称"行李车"已经不再是问题，不再占用学习者的认知加工资源。学习者将精力用来加工"把"字句的结构，便正确产出了"把"字句。另一方面，在图4师生互动语料的结尾，学习者表示"我的头在流血"（"My head is bleeding"）：第一，这反映出在整个调节过程中他的积极参与，师生之间是共同调节。这一过程并不轻松，不像听说法那样流畅轻松。第二，这反映出这一学习过程不是内隐的，而是外显的，需要学习者有意识的参与，需要调用较多的认知资源进行加工。第三，这表明学习者产生了一定的疲劳，疲劳会影响工作记忆容量，会降低加工效率，因此学习者一开始没有正确产出"把"字句。

但是相较于图1，学习者的调节等级和回应等级都有明显提升。在教师运用调节等级2要求学习者确认，学习者便改正了错误（虽然没有说补语"上"）。这表明，尽管学习者产生了疲劳，但是图1的教学效应依然存在。

（3）重新取得进步阶段

在图6时又下降到1次。之前图4和图5中，学习者的表现有波动，但是我们不能说他们的能力退步了，只能是说他们的能力还没有达到内化的程度，表现还不稳定。经过了前5张图片的调节，图6中学习者又达到了较好的状态，说明学习者的表现越来越稳定。

2.以学习者Zhi为例

Zhi在图3和图4的描述中都没能产出正确的"把"字句，如果仅根据学习者独立完成任务时的产出正确率对他的口语能力进行评价，那么他的口语能力没有发展。然而，这样的评价会使我们忽略学习者在最近发展区内的发展。因为虽然他在独立完成任务时犯了同样的错误，但是通过分析教师提供的调节以及学习者对调节的回应程度，我们发现同样的错误背后，学习者所处的调控阶段是不同的。也就是说，学习者的实际发展水平没有变化，但是与潜在发展水平之间的距离缩短了，学习者离实现自我调控更近了。

在片段1中，我们看到在Zhi产出错误的句子后，教师没有马上指出学习者的错误，而是请学习者确认。学习者对自己的产出进行了检查，但是无法确定是否存在错误，学习者还没有意识到自己的句子存在问题，这一点从学习者的回应"不对？"的疑问语调中可以看出，于是教师明确指出句子存在错误。从学习者的回应"哦"中，教师判断学习者没有自我修正的能力，便在再次给学习者思考的机会之后，提供了更加显性的提示，指出了错误的位置和类型。这时学习者找到了错误的位置，并在得到教师的肯定后产出了正确的句子。

片段 1

1　T：她在做什么？（展示图片 3 ）

2　Zhi：她现在书包放到门口

3　T：对吗？

4　Zhi：不对？

5　T：不对

6　Zhi：哦

7　T：再想一想

8　Zhi：他：

9　T：少了一个词

10　Zhi：哦，他⋯啊⋯把？他把？

11　T：对，少了这个词，少了把

12　Zhi：他把书包放到门口

在图 4 中，Zhi 犯了和图 3 同样的错误。这次，没等教师请他对句子进行确认，便主动开始对句子进行检查。这一现象很有意思，学习者模仿了教师在图 3 中的做法，主动承担起教师的责任。我们可以借鉴 Vygotsky 关于儿童发展的理论来对这一现象进行解释。Vygotsky 认为儿童文化发展的任何机能都会出现两次，或者说在两个层面上出现。首先它出现于社会平面，然后出现在心理平面。首先出现在人与人之间，属于心理间范畴，之后出现在儿童内部，属于心理内范畴。Lantolf and Appel（1994）认为，从他人调控（心理间活动）到自我调控（心理内活动）的转变在儿童和成人共同参与的对话过程中发生。在对话中，成人指导儿童，儿童提供反馈，成人根据儿童的反馈做必要的调整。成人指导儿童的目的不是简单地让这个儿童完成任务，而是指导他如何有策略地解决这个问题。最终，一般情况下，儿童会在成人的指导下学会独立完成任务，那些一度由成人产生的话语被儿童掌握。儿童这种有自我调控功能的话语是社会的投射，因为这一话语的源头来自社会。我们认为对于儿童是这样，对于成人的第二语言学习来说也是这样。Zhi 在图片4中主动对自己的产出进行检查和确认的行为是对之前师生互动中教师的策略和行为的内化，是社会互动行为在学习者个体上的投射。

　　片段2

1　T：他在做什么？（展示图4）

2　Zhi：他想…他想书包…放在车上

3　T：（老师没有说话，看着学习者）

4　Zhi：不对？

5　T：不对（笑）

6　Zhi：哦

7　T：再想一想

8　Zhi：他…把—他把，他把书包…他把书包放…放到…在：啊—放到…车上

9　T：非常好

　　在片段2（图4）中学习者产生了主动对句子中的错误进行排查的意识。我们认为这一意识的产生与学习者在图3中获得的调节学习体验密切相关。虽然图4中学习者在一开始依然没有产出正确的句子，但是学习者所处的调控阶段进步了。与图3相比，图4中学习者意识到自己的句子存在问题不是由于教师的提示，而是由于自己的产出，产出的言语具有声音的外壳，是对思维的外化。这一外化形式使学习者意识到句子存在问题。接着，教师肯定了学习者的猜测，明确指出句子确实存在问题，并给学习者再次思考的时间和机会。这次，不需要提供更加显性的提示（指出错误的位置和类型），学习者便完成了对句子的修正，说明"再想一想"这一隐性的调节对于学习者来说已经足够了。

　　在图3和图4中，学习者出现了同样的错误，但是比起图3来，学习者在描述图4时更加靠近自我调控。图3需要教师指出错误的位置和类型后，学习者才能正确产出，而图4学习者已经有了自我检查的意识，而且在教师要求学习者确认后，学习者就说出了正确的句子。这反映了学习者所需教师

调节的显性程度在降低，对教师帮助的依赖在减少。从学习者对调节的回应程度可以看出，他正在从他人调控走向自我调控。这一转变不是量的变化，而是质的变化。

（二）学习者回应等级的变化

上一节我们对学习者所需教师调节的数量和质量进行了考察，然而，对学习者回应行为的分析能够提供更多学习者逐步靠近独立完成任务的证据。下面以 Chu 和 Ming 两名学习者为例对学习者的回应行为进行分析。

1.以学习者 Chu 为例

从表5-10中，我们可以看出学习者的回应等级总体呈现逐步上升的趋势，但是在图4和图5时发生了波动。图6时又上升到最高值。①在图1中，学习者的24个回应行为里，有19个集中在等级较低的回应上（不回应或回避教师的问题、不正确的回应、请求额外的帮助、回应中考虑调节者的反馈），最高等级的回应是"尝试自我调节"和"克服困难"，用 Aljaafreh and Lantolf（1994）的分类来说，学习者处在"他人调控阶段"。②在图2和图3中，学习者的能力迅速提高，处在最高等级，达到了"自我调控"阶段。③图4和图5的反复可能受生词量（任务加工难度）和疲劳因素的影响。但是比起图1，学习者在较低回应等级的次数明显减少，反映出学习者正在增长的意识和承担责任的意愿。

表5-10　学习者Chu的回应等级和数量

（单位：次）

学习者回应等级	图1	图2	图3	图4	图5	图6
1.不回应或回避教师的问题	3			1	1	
2.不正确的回应	8			1	5	
3.请求额外的帮助	2				1	
4.回应中考虑调节者的反馈	6			1	1	
5.尝试自我调节	3					

续　表

学习者回应等级	图1	图2	图3	图4	图5	图6
6. 克服困难	2			1	2	
7 提供解释						
8. 将调节者作为资源						
9. 拒绝调节者的调节						
10. 自我调控阶段		1	1			1
合计	24	1	1	4	10	1

2. 以学习者Ming为例

在片段3（图1）中，Ming最初的产出语序比较混乱，而且没有用"把"，教师首先提醒学习者注意题目要求，学习者产出了"把"字句，但是缺少介词。教师接着请学习者进行确认，这时学习者说出了正确的句子。

片段 3

1　T:（展示图1）

2　Ming：小明在放他的书桌子上

3　T：用把怎么说

4　Ming：他把他的书放桌子上

5　T：对吗?

6　Ming：他…他把他的书…放在桌子上

在片段4（图2）中，学习者吸取图1的经验，在首次描述时用了"把"字句，虽然结构并不正确。在图1中，学习者的句子缺少介词，经过图1的调节，在描述图2时，学习者使用了介词，但是出现了新的问题，句子缺少动词。而且在教师提出确认请求后，非常肯定地认为句子没有问题。这表明学习者对于"把"字句的掌握还没有实现自我调控，没有达到内隐加工的程度，依靠的是外显知识，因此出现了"用了介词，丢了动词"的顾此失彼的现象。这也反映了学习者的发展并不是线性的，在学习者完全实现自我调控之前，学习者的表现会发生不稳定的波动。

　　在教师明确指出句子存在问题并指出错误的位置和类型后，学习者发出疑问"为什么？"，表明他依然没有意识到存在问题。这时，学习者重复了一遍自己之前的句子，说完后马上意识到问题所在并给予修正。这次学习者没有依赖教师的提示，而是通过言语化将思维外化，学习者借助这一外化的工具帮助自己解决了问题。

　　片段 4

1　T：（展示图片2）

2　Ming：大卫把他的椅子在外面

3　T：对吗？有问题吗？

4　Ming：没有

5　T：有问题

6　T：少了一个词

7　Ming：为什么？他把他的椅子在外面　啊，放！

8　T：对

9　Ming：他把他的椅子放在外面

10 T：对

　　经过图1和图2的调节，学习者在图3中的表现不再波动，有了较大的进步。在片段5中，虽然学习者一开始的产出并不正确，但是在产出过程中，在没有教师干预和提示的情况下，学习者自己发现了句子存在问题，对之前的句子进行否定后重新产出了正确的句子。这表明学习者已经可以不依赖老师的帮助，实现了从他人调控到自我调控的质变。

　　片段 5

1　T：（展示图3）

2　Ming：他放他的书包…他的书包…他的…啊 no（摆手）他把他的
　　书包…放在行李车上（一边说一边用手点）

3　T：非常好

五、汉语学习者口语能力发展机制

下面我们对师生互动的语料进行微观发生分析，从师生互动环境、知识与技能的内化方式、学习者的认知与情感参与等方面探讨调节互动促进学习者学习潜能发展的机制。

（一）师生互动环境是知识发生的前提

根据最近发展区理论的观点，社会互动是知识的源头。Vygotsky（1987）指出，人类任何机能的发展都会出现两次，或者说在两个层面上出现。首先，它出现于社会平面，即人与人之间，属于心理间范畴；然后出现在心理平面，即个体内部，属于心理内范畴，下面结合片段6进行分析。

片段6

1　T：照片现在在她的？哪里？

2　S：在她的手

3　T：现在呢？

4　S：在她的房间

5　T：啊，the wall，墙上

6　S：墙上

7　T：the wall（教师用手拍了拍教室的墙壁）

8　S：哦：>ok< ^{0}墙上^0，^{00}墙上^{00}

在片段6中，"墙上"第一次出现于师生互动过程中教师口中，这时"墙上"存在于教师和学习者之间，还没有被学习者内化。"墙上"第二次出现于学习者的个体话语（Private Speech）之中，学习者自言自语式的个体话语不是学习者（I）与教师（You）之间的对话，而是学习者自己（I）与自己（Me）的交流（Xi and Lantolf，2020）。调节互动为学习者创造了知识发生的前提，这种互动不仅仅是一种认知活动，更是一种社会活动，学习者通过个体话语将"墙上"从心理间向心理内转化。调节互动使学习者真正作为社会主体（Social Agent）参与到互动中来，而非将学习者看作知识和技能的被动接受者。

（二）创造性模仿是学习者实现内化的方式

Vygotsky（1987）认为，所有人类的意识都是模仿的结果。这里的模仿不带有任何行为主义色彩，不是简单的复制，而是内容创造与语言模仿相结合的创造性模仿，是学习者内化知识与技能的过程。如果个体不能模仿合作式教学中提供的内容，那么说明这一内容不在学习者的最近发展区内。如果学习者在他人的指导下能够模仿某一行为，说明他的能力正在成熟中，并最终在独立完成任务时也能达到。Vygotsky（1987）将模仿定义为一个复杂的迁移转化过程，而不是简单的复制，并对下面3个近义词进行了区分：模仿（Imitation）：活动中的目标和方式是明确的，如人类婴幼儿；效仿（Emulation）：目标明确而方法不明确，如大猩猩幼崽；拟态（Mimicry）：目标和任务都不明确。这3种形式人类都能掌握，但是动物不可能做到模仿。Goldman（2005）认为，镜像神经元（Mirror Neurons）的活动为模仿不是简单复制提供了证据，因为镜像神经元在实施一个具有计划的目标导向行为时才会被激活。在片段6中，学习者说照片在她的房间，教师进行纠正，指出不是"她的房间"，而是"the wall，墙上"（第5行）。学习者重复"墙上"（第6行），但此时他并没有完全理解"墙上"的意思。接着，教师用手拍了拍教室的墙壁（第7行），学习者发出拉长的"哦"的声音，表明他此时才明白"墙上"的意思；紧接着，学习者说了两遍"墙上"（第8行），一遍比一遍声音小。这两遍不再是机械地重复，而是在模仿教师说过的话。

师生互动过程中，教师说出的"墙上"存在于教师的心理和学习者的心理之间（心理间），那么学习者如何将这一停留在两人之间的知识内化到学习者的头脑中（心理内）呢？如同船长需要利用船桨这一工具使船靠岸一样，学习者也需要一个工具来帮助自己将教师口中的"墙上"内化为自己头脑中的心理表征。这一工具便是个体话语。学习者的个体话语不是重复教师的话，而是学习者这个独一无二的有机体带着他特有的心理表征在加工新的知识。通过模仿，学习者将教师口中的"墙上"用自己的方式说出来，发音以及对这个词的理解可能都与教师不同，但正是这种不同恰恰体现了学习者的主观能动性。学习者将个体话语作为工具来调节自己的思维，建立新的心理表征，最终将个体话语转化为内在言语（Inner Speech），实现从心理间到心理内的转化。

（三）师生共同构建最近发展区是语言能力获得的实现方式

1. 恰当的调节

Vygotsky（1978）强调在社会互动中他人对个体学习的帮助。他认为，学习最核心的特征是它创造了最近发展区。最近发展区作为一个理论框架，不仅将学习者处于心理间的能力和心理内的能力纳入到同一框架下，同时提供了促进学习者能力从心理间向心理内转化的方法。最近发展区理论认为，有意行为产生于两个人之间，其中一个（成人或专家）已经知道怎么做这个特定的行为，而另一个（儿童或新手）不知道。知识和技能从心理间向心理内的转变正是通过师生共同构建最近发展区实现的。师生在最近发展区内的互动与认知互动（Cognitive Interaction）视角下的互动有本质区别。认知互动遵循Krashen（1985）的理论假设，认为只要为学习者提供足够的可理解输入，语言习得就会自动发生，"输入—输出"是线性关系。在调节互动中，这一线性关系由于调节工具的介入得到了实质性的改变。教学的重点不在于提供可理解输入，而是引入调节工具，与学习者共同构建最近发展区，使学习者利用调节工具实现从他人调控向自我调控的过渡。

片段 7

1　S：小明把椅子…^{0}wait，Object，Volleyball（学习者将V.说成Volleyball）
　　—verb^0… 在！他的房间？

　　……

2　S：I forgot what the noun a verb and all of those are

3　T：哦，verb is action

4　S：哦！>okokok<

5 S：小明带他的…哦 小明（.）把…东西（笑）...^{0}东西... Um…what's an action^0…带…房间—啊，放！（.）家

在片段7中，学习者知道"把"字句结构中要有动词，但是并没有说出正确的动词，也就是说将元语言概念Verb作为调节工具的结果是失败的。他把V. 这一缩写解读为Volleyball（第1行），虽然有开玩笑的成分，但从这一行为可以看出他并不知道Verb是什么。可以说Verb这一术语在他的最近发展区之外。在第2行中，学习者告诉教师自己不知道什么是Verb，教师给出解释，"Verb is action"（第3行）。随后在第5行，我们发现学习者不再说Verb这个词，而是用了action这一更具体、更容易理解的词来调节自己的语言表达，这次他成功地说出了合适的动词。

学习者无法利用Verb这一科学概念来进行自我调节，教师对科学概念进行解释，"Verb is action"。action这一更加具体的概念激活了学习者头脑中的动词"带""放"。这一现象说明学习者对于动词的理解还停留在自发概念的程度，没有上升为科学概念，因此用术语Verb这样比较抽象的科学概念无法成功调节自己，只能将调节工具降阶，以更加具体、更加贴近自己生活经验的概念作为调节工具。然而，学习者虽然说对了动词，但是忘了介词"在"。这是由于学习者对"把"字句结构的掌握还没有达到程序化的程度。在本片段中，学习者又将大量认知加工资源放在了动词上，由于学习者的认知加工资源是有限的，于是出现了顾此失彼的现象。

2. 不恰当的调节

在调节互动过程中，教师有时没有根据学习者的回应为学习者提供合适的调节，错失了促进学习者能力发展的机会，造成了对学习者能力发展的阻碍。通过对语料的转写，我们发现不恰当的调节包括调节不到位和过度调节两类，不论是调节不到位、不充分，还是没有遵循从内隐到外显的调节等级带来的过度调节，都不能准确了解学习者面临的困难和问题，无法构建出学习者的最近发展区。下面将对这两类失败的调节进行分析，从反面印证师生共同构建最近发展区对学习者口语能力发展的重要作用。

（1）调节不到位

教师在师生互动过程中按照调节等级量表从内隐到外显的顺序进行调节，但是有时停留在较为内隐的水平，没有及时提供更加外显的调节，反而误导了学习者。第一个例子（片段8）是调节不到位的例子，第二个例子（片段9）是教师吸取例1的教训后，在遇到同样问题时改正并取得良好效果的例子；例2从反面证明了例1确实是由于教师的调节不到位，阻碍了学习者的发展。

在片段8中，教师发现学习者的问题在于不知道 verb 是什么（第1行），当教师提供调节（第2行）后，学习者正确说出了 verb（第4行），虽然丢了介词。此时教师仍然要求学习者确认（第5行），这是不恰当的，这一调节等级较为内隐，使学习者误以为自己的动词说错了，于是在第6行向教师求助"什么是 carry"，这时，教师又提供了不恰当的调节，将 carry 翻译为"搬"（第7行）。此时，教师引入的新词"搬"，不但对学习者没有帮助，反而分散了学习者的注意力，使调节偏离主线，最终导致调节失败。回到第4行，我们发现虽然学习者的产出仍然存在问题，但是出现的是新的问题——缺少介词，之前的问题——不知道用什么动词，学习者已经成功修正，教师应该在第5行及时肯定学习者动词用对了，给予学习者积极的反馈，然后再针对新的问题进行调节。

片段 8

1　Chu：What's a verb?（说完后笑起来）我不知道
　　……

2　T：哦，verb is action

3　Chu：哦！ >okokok<

4　Chu：小明带他的…哦 小明（.）把…东西（笑）...^{0}东西... Um…What's an action^0…带…房间—啊，放！（.）家

5　T：放家？

6　Chu：What's that carry，place，other words that was… What's carry?

7　T：Carry，搬

8　Chu：搬（.）家

9　T：搬家？

10　Chu：嗯

11　T：不对

12　Chu：（笑，然后假装哭）>wait wait wait< 小明把：椅子…嗯：：^{0}wait^0
　　椅子（边说椅子，边打响指）^{0}verb，verb，verb^0…椅子…在家

　　在片段9中，教师吸取了例1中调节不到位的教训，进行了改进。当学习者询问hook的中文表达时，教师没有扩展，及时将学习者的注意力聚焦在继续寻找错误类型上，使学习者最终找到了错误的位置并成功修正。但是可以进一步改进的是，应该在最后告诉学习者hook的中文怎么说。

　　片段9

1　Lim：Ok，玛丽把…书包挂门hook（用手比划hook的样子，询问教师的眼神）

2　T：That's not the problem。门上 is ok

3　Lim：门上。What's the problem？老师

4　T：少了一个词

5　Lim：Missing verb？ No

6　T：Not verb

7　Lim：Wrong verb！

8　T：No，the verb is correct. Missing one word，not the verb

9　Lim：老师，what may missing？

10　T：看一下（展示卡片2）

11　Lim：在

12　T：Yeah

13　Lim：Ok。So 玛丽把书包挂在门上（用笔点着桌子）

14　T：非常好

（2）过度调节

还有一些情况下，教师对学习者的最近发展区不敏感，没有按照从内隐到外显的原则提供调节，而是直接给出了过于外显的调节。教师承担了大部分责任，而不是鼓励学习者去承担更多责任。即使句子被学习者正确产出了，任务也看似完成了，但是我们对学习者能力了解的却很少。过度调节掩盖了学习者遇到的问题，使教师丧失了探测学习者能力和所面临问题的窗口，更严重的是，失去了促进学习者能力发展的机会。具体来说，过度调节存在以下问题：①学习者的能力可能被低估，因为我们无法确定也许使用较为内隐的调节学习者就能克服困难。②不能判断学习者的遇到了什么困难。③造成学习者对教师的过度依赖，一遇到困难就来找教师，而不是依靠自己来解决。④由于教师没有通过调节互动与学习者共同搭建最近发展区，学习者没有主动参与互动，处于被动接受状态，因此即使提供了非常外显的调节，学习者也无法对自己的产出进行修正。

在片段10中，学习者问教师floor怎么说（第5行），教师直接告诉学习者"地上"（第6行）。这是由于之前的学习者大都只说实词，忘记补语，因此教师想当然的认为学习者Lim也会犯这样的问题，便告诉学习者"地上"，试图使学习者产出正确的句子。但事实证明学习者Lim知道要加补语，便在"地上"后面加上了补语"上"，产出了"地上上"（第7行），这是教师之前没有预料到的。于是教师又在后面的互动中纠正了自己的说法，告诉学习者floor是"地"（第8行），给学习者带来了不必要的困惑，降低了教学效率。

片段 10

1　Lim：小明把桌子，桌子？

2　T：桌子？（用手拍桌子）

3　Lim：No，老师（用手拍椅子）

4　T：椅子

5　Lim：椅子？椅子。椅子…到…老师，floor？（用手指地）

6　T：地上

7 Lim：地上…地上上

8 T：No，地

9 Lim：地

10 T：上

11 Lim：地上

12 T：On the floor

13 Lim：Ok，地（.）地上，ok

在片段11中，也许是由于时间原因，教师的调节过于跳跃。在学习者说出"小明把椅子搬在洗手间上了"之后，教师没有遵循从内隐到外显的调节原则，而是直接指出了错误，并给出了正确答案"这里我们不用在，用到"（第5行）。学习者似乎并没有跟上教师的节奏，机械地重复了一句"到"。看到学习者并没有完全明白，教师提供了写有元语言结构的卡片，希望学习者能够产出正确的句子。看到卡片后，学习者确实对"搬在"进行了修正，正确产出了"搬到"，但是出现了新的偏误"洗手间到了"（第8行），从这里可以看出学习者不知道"到"的意思，虽然看着卡片产出了"搬到"，但也许只是看着卡片上的结构比葫芦画瓢。之前提到同样是说错了，学习者的潜在发展水平是不同的。那么，同样是说对了，学习者的水平也是不同的，所处的调节阶段也是不同的。在教师以为调节可以结束的时候（第11行），学习者主动请求额外的帮助，询问教师"有没有在 or…"（第12行）。可见学习者并不知道用"在"错在哪里，"到"是什么意思，以及为什么要用"到"。究其原因，在于教师没有通过渐进式的调节找到学习者出现偏误的原因，而是直接给出正确答案。由于没有与学习者共同搭建出最近发展区，学习者只能被动接受正确答案，最终导致调节效果不理想。这表明调节学习看似耗时费力，直接给出答案省时省力，但是直接给出答案并不能够保证促进学习者能力的发展。

片段 11

1 T：（展示图片4）

2 Xu：小明把椅子搬在洗手间（.）上了

3 T：洗手间里了

4 Xu：里，里了

5 T：这里我们不用在，用到

6 Xu：到

7 T：（展示卡片2）

8 Xu：哦 So 小明想把 哦 OK 小明想把椅子 椅子搬到洗手间到了

9 T：洗手间里

10 Xu：洗手间里

11 T：嗯好 好

12 Xu：有 有没有在 or

13 T：没有在，在 and 到 is the same

14 Xu：哦 没有在 到 到洗手间里（手指在从左到右点）

15 T：对，再说一遍

16 Xu：小明想把椅子搬到洗手间了

17 T：洗手间里

18 Xu：洗手间里

在片段12中，学习者的产出出现偏误，教师直接给出带有元语言结构的卡片进行调节（第4行），与片段11一样，都属于过度调节。但是与片段11中的学习者表现不同，这个例子中，学习者看到卡片后没有机械地重复，从他发出"啊"的声音，并用手捂嘴这一动作中，我们可以看出他意识到了自己之前的句子不正确，并知道错在哪里，马上进行了修正（第5行）。得到教师的肯定之后，学习者以非常小的声音说"把书放 啊"并同时做"放书"的动作（第7行），表明学习者在利用个体话语和手势进行自我调节，帮助自己内化这一语言结构。学习者在下一张图片（片段13）出现了同样错误，教师仅给出了非常内隐的调节，学习者就进行了修正。这说明学习者在片段12中的自我调节帮助他内化了这一语言结构。

与这一学习者情况类似，对照组中的学习者 Min 进步较大。Min 较大幅度的进步不在我们的预期之内，因为我们的理论假设是实验组被试由于参加了"调节学习"环节，会有显著进步；而对照组接受的是听说法的"机械操练"，进步应该较小。通过对他与老师的对话进行分析，我们发现他在调节过程中产出了大量个体话语，持续通过个体话语来调节自己的理解和产出。也就是说，教师虽然没有为他提供调节互动的环境，但是学习者具备一定的自我调控能力，主动使用调节工具进行自我调节。

片段12印证了 Feuerstein 的理论，Feuerstein 等（1988）认为，如果一个学习者拥有的调节学习体验越多，那么在面对直接学习环境时，他的获益就会更大。这个例子中的学习者便是如此，同样是面对教师的过度调节，与片段11中的学习者 Xu 相比，学习者 Jorge 的自我调节能力更强，于是在很大程度上弥补了教师过度调节带来的问题。

片段 12

1　Jorge：小明放书在桌子上了

2　T：用把怎么说

3　Jorge：小明放书把在桌子上

4　T：对吗？来看看（卡片2）

5　Jorge：啊（用手捂嘴）小明把书放在桌子上

6　T：非常好。小明把书放在桌子上。

7　Jorge：^{00}把书放 啊^{00}（做"放"的动作）

片段 13

1　Jorge：小文把放行李在行李车上

2　T：对吗

3　Jorge：小文把行李放在行李车上

（四）学习者利用调节工具实现知识和技能的获得

1.以概念的物化形式作为调节工具

相较于实物，概念的物化形式抽象程度更高。下面我们主要对两种概念的物化形式进行考察，一是写在黑板上的拼音，二是写有元语言概念的卡片。由于它们有物化的载体，因此比起通过语言提供的概念调节来说，以物化形式提供的概念调节可以有效将任务难度降阶，促进学习者对相关概念的内化。

（1）教师使用拼音进行调节

下面的例子中（见片段14），除了学习者用实物进行自我调节外，还包括教师使用概念的物化形式来提供调节的现象。学习者询问教师"墙"用中文怎么说，教师回答后，学习者发出"qiao"的音。教师予以纠正，又说了一遍"墙"，学习者又发出了"qiao"的音。这一遍中，学习者也意识到自己发出的音与教师不完全相同，因此用了疑问语调。从这里可以看出，虽然学习者意识到了自己的发音有问题，但是却不能完全复制教师的发音。这一方面反映了感知能力与产出能力是有差异的，同时，也反映出"重复"教师的话也是需要一定能力的，在学习者建立起相应的心理表征之前，并不能做到完全复制。这是由于语音抽象化程度高，不便于模仿。Vygotsky（1987）认为，不存在单纯的复制，因为人是具有主观能动性的，任何复制其实都是模仿，模仿的程度与学习者的能力有关。

在发现仅提供语音形式的调节不奏效后，教师便在黑板上写出拼音"qiang"，通过这一概念的物化形式对学习者进行调节。因为学习者听不出差别，因此教师写出拼音，借助这一物化调节工具，使学习者明白了二者的区别，正确发出了"墙"的音。这与贾琳和王建勤（2013）的声调习得研究结果相同，对于低水平学习者来说，需要借助符号化工具（概念的物化形式）来进行调节。比起转瞬即逝的语音来说，拼音可以看见、可以操作，为学习者提供了抓手，将任务难度降阶，学习者借助这一调节工具成功发出了"墙"的音，建立了"墙"的音义对应关系。

片段 14

1 T：这是玛丽，她在做什么？

2 Lee：玛丽把照片放（.）在…啊…What's wall，老师？（用手指墙）

3 T：墙上

4 Lee：（学生用手拍墙），qiao上

5 T：墙

6 Lee：qiao？

7 T：墙（在黑板上写出拼音qiang）

8 Lee：qiao—墙，墙，墙上（用手摸着墙）

9 T：墙上

10 Lee：墙上（用手拍了一下墙），>okokok<

11 T：好

12 Lee：玛丽把照片放（.）在（.）墙上（说到墙上时，用手摸了一下墙）

（2）教师使用写有元语言概念的卡片进行调节

笛卡尔的身心二元论把人的身体和心灵分开，认为存在两个不同的实体。Vygotsky（1987）试图将生理因素和社会文化因素综合起来，形成一个全新的理论框架，以解决二元论问题。他认为，生物因素是人类认知过程发展的基础，而社会和文化的活动则为人类掌握认知和实践活动提供了必要的调节工具。符号化的调节工具具有两面性，一方面使物质世界客观活动主观化，另一方面使个体心理世界的主观活动客观化（Veresov，1999）。调节工具的作用是先将学习者的思维外化——使主观活动客观化，学习者再借助这些调节工具建立心理表征，实现概念的内化——使客观活动主观化，经过外化过程和内化过程最终实现知识和技能的获得。

片段 15

1 T：我们来看看（教师展示卡片2）

2 S：啊，（学生看卡片2）到：：：！（音量突然提高，大声说出）家

3　S：小明…想把…椅子放到家

4　T：嗯，放到…

5　S：到，他的家

6　T：嗯，对

7　S：啊：（笑，身体往后仰，如释重负）

学习者的口语产出依次出现了"用了介词，缺少动词""用了动词，缺少介词""用了介词，缺少动词""用了动词，缺少介词"的错误，这种顾此失彼的现象反映了学习者所处的发展阶段，即学习者知道句子中需要有动词和介词，但这一知识还停留在陈述性知识阶段，需要占用大量的认知资源，而人的工作记忆容量是有限的，因此出现了上述现象。片段15中，在语言调节不奏效的情况下，教师采用写有元语言概念的卡片进行调节。学习者看到写着"把"字句结构的卡片后，终于注意到自己产出的句子中缺失的成分——介词"到"（第2行）。学习者用提高音量和增加发音时长的方式表达自己的兴奋，这表明写有元语言概念的卡片这一概念的物化形式能够帮助学习者克服困难，实现正确产出。其原因在于相较于言语，卡片上的文字物化程度更高，便于学习者加工。卡片将转瞬即逝的言语通过文字的形式展示出来，用文字形式将知识外化、物化，为学习者提供了抓手，能够有效易化任务，降低认知资源的消耗，减轻工作记忆的负担。这与贾琳和王建勤（2013）的声调习得研究结果相同，对于低水平学习者来说，需要借助符号化工具进行调节。综上，卡片这一概念的物化形式一方面通过元语言将概念物化，实现降阶，另一方面，元语言这种形式呈现概念是将概念符号化。学生之所以看到元语言的提示，能够正确地产出"到"，说明他能够运用这种符号化的工具调节自己的言语行为。这种调节机制和实物调节不一样，这种调节机制不需要实现语音和语义（概念）的映射过程，如果说实物调节机制是一种映射机制的话，符号化的调节机制这是直接将元语言作为调节工具实现言语行为的调节。

2.以手势作为调节工具

手势是一种符号化工具（Semiotic Artifact），作为调节工具把内部思维转换为外部言语，也可以把外部言语转化为内在的认知活动（Swain et al.，2009）。我们从以下角度对学习者使用手势的现象进行分析：学习者的手势可以为教师了解学习者的能力和遇到的困难提供哪些信息？学习者通过手势能够帮助自己完成哪些任务？

（1）学习者将手势作为自我调节的手段

在片段16中，学习者的产出少了介词"在"，教师给出提示"少了一个词"后，学习者意识到错误的类型和位置，但是不能马上修正。他通过"右手压在左手手背上"这一手势进行自我调节。这一外化的动作，表明学习者知道"在"的语义，并在积极寻找其对应的语音形式。同时，"在"的语义通过学习者的手势得以外化、可视化，有助于诱发学习者的感觉经验，激活学习者的记忆，完成语义和语音形式的对应。

片段 16

1　T：少了一个词

2　Tan：额（左手指了一下图片，然后在空中比画了几下，然后左手手心向下，右手放在左手上面，拍了左手手背两下）

3　T：他把包：

4　Tan：他把包挂…挂在门上

5　T：对了！

（2）将手势作为提供解释的手段

在片段17中，学习者将手势作为提供解释的手段。在教师没有要求，已经正确产出句子的情况下，学习者主动对刚才自己的修改进行解释，学习者通过手势表明"在"和"给"的区别，说明学习者在归纳规则，进行假设检验并希望得到教师的确认。这样可以进一步深化自己的理解，以便迁移到别的情境中。同时，学习者的手势反映了学习者所处的发展水平和面临的问题，为教师提供合适的调节提供了更多的信息。在上面的片段中，学习者虽然不能用语言表达出"在"和"给"的区别，但是他的手势表明他明白二者的区别。通过对学习者手势的解读，可以避免教师高估或低估学习者的水平。

片段 17

1　Chao：警察把通知放给…放给汽车

2　T：放给汽车？

3　Chao：Is there anyone there ?

4　T: No，just a parking car

5　Chao：放在汽车。

6　T: Yeah

7　Chao：放在 put（用右手比画往下放的动作），给 give（用右手比画递给别人的动作）。

8　T: Yeah yeah no person there

9　Chao：So 放在汽车

10 T：放在汽车（.）上

11 Chao：汽车上，放在汽车上

12 T：很好

（3）将手势作为启发自己的手段

在片段18中，学习者不断地通过向前伸手这一动作，最终成功帮助自己说出"到"。学习者的手势具有双重作用：一方面，对于学习者来说，学习者通过手势将自己的思维活动外化，使思维活动物质化（materialization）、可视化。对于还没有完全达到自我调控的学习者来说，认知加工活动还不能完全以内在言语的形式进行，需要物化程度更高的调节工具为自己提供认知加工的抓手，将任务难度降阶，进而帮助自己完成任务。然后，再将符号化的手势内化。词汇是音义结合体，学习者通过外化的动作表达意义的同时，也是对意义进行了符号化。学习者通过这样一个动作将"到"的意义抽象化、图式化。因为我们在进行心理操作时需要的是高度抽象化的符号，无法直接对客观世界进行心理加工。通过对这一符号化工具进行心理加工，帮助自己在心理词典中搜索相对应的语音形式，建立起心理表征，实现内化。

另一方面，对于教师来说，手势提供了语言提供不了的信息。如果只听学习者的语言产出，教师可能会低估学习者的能力，因为学习者反复比画着具有动程的进去的手势，表明他知道"开在"和"开到"的区别，也知道这里不应该用"在"，而应该用表示"to somewhere"的"到"，他知道"到"的意义，只是还没有建立起"到"的语音和意义对应的心理表征，或者说这一音义结合体的心理表征还没有完全牢固建立。在这种情况下，教师需要给学习者充分的回忆和思考的时间，帮助他找到与意义对应的形式。如果没有这一手势，教师可能会不了解学习者遇到的问题，低估学习者所处的发展阶段，进而会出现过度调控的现象，不能促进学习者位于最近发展区内的能力的成熟。

学习者反复比画的动作也是在告诉教师他知道这个词的意义，并且想与教师沟通，达成共识。虽然学习者暂时无法用言语表达出来，但是可以通过手势与教师进行沟通，获得被理解的感受，而双方彼此理解和沟通是搭建最近发展区的前提。

片段 18

1　Lim：公安把汽车…开…开在停车场（.）停车场上

2　T：上？里

3　Lim：里，停车场里

4　T：对。开在？在，对吗？

5　Lim：Enter，开（手向前伸，比画着进去的动作）

6　T：开：:

7　Lim：No 老师，enter you said earlier，开（手向前伸，比画着进去的动作）

8　T：Yeah 开：

9　Lim：开：：到

10 T：对：

11 Lim：开到

（4）手势促进了学习者的词汇习得

片段19到片段23是同一学习者在图1到图5中的表现。我们可以看到在图1（片段19）中，学习者在第8行时第一次产出"放"，但是不太确定自己的表达是否正确，边说边做"放"的手势，请求教师的确认。得到教师的确认后，学习者在第12行产出"放"时不再使用手势，但是学习者的产出并不流利，出现了较多的停顿，说明学习者对于"放"的掌握还没有达到完全内化的程度。事实上，在图2中，学习者在产出"放"时又遇到了困难，这时学习者又一次借助手势帮助自己回忆。比起图1，学习者的进步之处在于这次不需要教师的确认和反馈，通过自我调节便克服了困难。在之后的图3、图4、图5中，学习者不再使用手势便能正确产出，表明学习者将手势作为调节工具最终习得了"放"。

片段19

1　T：（展示图片1）

2　Juan：小明把书挂在桌子

3　T：桌子上

4　Juan：桌子上

5　T：是挂吗？

6　Juan：挂：

7　T：挂是 hanging on

8　Juan：哦！他…放（双手做放的动作，看着老师请求确认）

9　T：放

10 Juan：放　放

11 T：Ok，try again

12 Juan：小明…小明把书…放…放在桌子上

13 T：非常好

片段 20

1 T:（展示图片 2）

2 Juan：小明把…小明把椅子…椅子…去？^{0}去^0（看着图片）put（之前都看着图说。说 put 时，转过头来，低头看着自己的手，手在做放的动作）（嘴咂摸了两下）放（说放时，眼睛不再看手，转过头继续看图了，说明回忆完毕，不需要再用手上的动作这个工具了）在 放 在 门口

3 T：好的，很好。

片段 21

1 T:（展示图片 3）

2 Juan：玛丽把行李…行李 f 放 放在 行李车上

3 T：很好

片段 22

1 T:（展示图片 4）

2 Juan：玛丽把书包 书包 放 在 啊—挂 wait 玛丽把书包挂在门上

3 T：好

片段 23

1 T:（展示图片 5）

2 Juan：警察 警察把通知放 放在 车上

3 T：好的

（5）学习者将手势作为句法加工的手段

在片段 24 中，学习者在遇到复杂任务时，用手边点边从左到右移动，这是在通过手势将"把"字句的结构、语序外化出来。Zhang（2014）利用古氏积木（Cuisenaire Rods）作为工具帮助汉语二语学习者掌握汉语话题句（如，米饭他下午两点在家吃了）的语序。不同颜色和长度的积木被分别用来代表话题句的某一构成部分（如，主语、宾语等）。学习者的任务是通过操纵这些积木来产出正确的汉语话题句。学习者 Jane 在之后的访谈中

说，"我觉得自己是一个视觉型的学习者（a Visual Learner），因此积木对我的帮助很大。当我在表达时，积木可以帮助我形成正确的语序；我说话的时候，仿佛可以看到那些积木，这对我正确产出语序有帮助。可能我也不是在想那些具体的积木块儿，而是他们所代表成分的顺序"。在教学的初始阶段，Jane一边表达一边用手指摆放积木。在教学快结束时，学习者不再需要触摸这些积木。本片段中学习者的手势与Zhang（2014）中的积木作用类似，都起到了帮助学习者外化语言结构的作用，借助这一外化手段，学习者最终实现了语言结构的内化。

片段 24

1 Chao：Um ^{0}So first is subject^0 玛丽把行李…玛丽把行李…放？
  Si：：：啊，行李…啊 到行李车。放到？到，到行李车上（边说边用手点桌子或在空中点）

3.以语言作为调节工具

在符号化调节工具中，最常用也是最重要的是语言作为调节工具。下面我们从个体话语、合作会话、基于概念的调节三方面分析学习者将语言作为调节工具帮助自己实现内化的现象。

（1）个体话语式语言调节

根据Diaz（1992）的研究，个体话语的功能指的是话语的产出对个人随后发生行为可能产生的影响作用。Furrow（1992）的研究致力于考察家庭环境下的两对母子互动游戏过程，将个体话语的功能分为9类，如表5-10所示。

表 5-10　儿童母语个体话语的功能分类

序号	功能	特征
1	参与/调整	调整、注意和互动范畴的综合
2	自我调整	话语之后紧跟行为的实现
3	表达	评价式话语等内在心理的表达
4	指代	指代现实事件中的事物
5	自我活动描述	描述儿童正在进行或已完成的行为事件

续　表

序号	功能	特征
6	搜索信息	常以疑问的形式寻求答案
7	想象	话语常常伴随唱歌、游戏、实物演示和行为表演
8	告知	话语指代不在场的实物或事件
9	不可理解成分	不可理解的话语

注：Furrow，1992

　　在第二语言习得领域，对个体话语功能的研究不多，主要有以下几位研究者在不同的教学环境下对其进行了分类总结。其中Centeno-Cortés（2003）的研究中，其功能判定不仅以学习者的个性及其学习风格为参照，同时借助了个体话语产出的语言环境。而且该研究功能类别之间并不是互斥的，而是多有重叠，表现为功能的分类是动态的、多元的，而不是一刀切的，其中一个功能占主要地位，但也不排除其他功能同时存在。这些功能中的核心是个体话语的内化功能，除此之外，个体话语还具有个人演练、控制任务和参与等功能。其功能分类见表5-11。

表5-11　成人第二语言学习者个体话语功能分类

功能	发生的条件	小类
内　化	学习者正在学习某语言知识时	——
个人演练	学习者社会言语产出之前的私下演练，这也是内化过程的一部分	——
参　与	当教师提出一个问题，学习者知道答案，并以很小的音量自己回答时，此时除其本人之外，其他人难以听清	代替回答
		齐读回答
任务控制	在任务式学习过程中，学习者在遇到学习挑战时，通过个体话语掌控学习任务，实现自我调控	进行课堂中的测试或练习时
		出声读课文以求理解课文意思
		翻译成英语
		言语化以集中注意力而不被干扰

续　表

功能	发生的条件	小类
情　感	——	评论式以显示学习者已理解某语言点
		显示某种失望
		答案正确回答后的某种喜悦和热情
		指向自我的问题
		学习者对正在学习的任务或情景的感觉或态度
社会性功能	鉴于此类话语的双重性质（Public and Private）本研究未作讨论。	——

注：Centeno-Cortés，2003

第二个研究是Smith（2007）通过游戏设计（Board Games）考察了双语儿童的个体话语功能，并总结为以下7类（见表5-12）。

表5-12　双语儿童个体话语的功能分类

功能	语言形式	特征说明
自我评估	词或词组	对自己话语的自我评价
启动/集中思考已产出或即将产出的句子的形式和意义	句子（可能是问题）	本研究语境下指的是最终组成的句子的语法形式和意义一时难以理解，通过个体话语集中注意力理解这个句子
试图选择合适的语言形式和意义，进行恰当地表达	句子成分	在语言表达过程中，一时忘了将要使用的词语或语言表达形式，通过个体话语来试想
表达意义的同时留出思考的机会	句子成分或词	一般在句子开头，通过元音拉长，或重复，来缓冲时间，让自己更好地思考接下来说什么
试图回忆已学的或者记住不熟悉的词语	词	——
表示回忆成功	词或词组	——
通过造句来理解和验证词语意义	词组或句子	——

注：Smith，2007

Smith对功能的考察分类主要是基于个体话语的认知和元认知功能。该研究的不足在于其功能分类依据的语料太少，一共只有16例个体话语。这很可能会导致功能框架存在遗漏的情况。第三个研究是Yoshida（2008）对两个学期的日语课堂学习进行研究，通过对课堂观察、录音录像和刺激回忆访谈等，重点考察了个体话语频率最高的类型：重复。其研究发现，重复类的个体话语除了具有已证实的认知和元认知功能外，还具有社会和参与功能。每类功能的具体表现如表5-13所示。

表5-13　重复类个体话语的功能

认知和元认知功能	加工、记忆或者监控目的语形式或者表达
	将学习者已有的语言知识与新学习的知识进行比较，并进行重构
	基于重复的新的语言表达的产出
	对于重难点问题集中注意力，或缓和时间压力，以思考解决方式
社会和情感功能	赋予学习者一种课堂参与意识
	增加学习者对作为课堂成员的认同而不失其面子
	给学习者创造自娱自乐的机会

注：Simth，2007

对个体话语功能的考察上，Centeno-Cortés（2003）认为，个体话语的主要功能是内化，除此之外，还具有情感（Affective）、参与（Participation）、个人演练（Private rehearsal）和任务相关（Task-related）等功能。内化是所有功能的核心，其他功能都为内化服务。本研究认为内化更多体现的是一个过程，指的是学习者的语言输出从心理间过渡到心理内的过程。在这个过程中个体话语发挥了至关重要的作用。内化不能算作个体话语的功能，同时"任务相关"体现的是学习者通过控制任务内容实现认知的目的，但是任务相关的提法也不是功能的体现，因而本文将两者合并为认知和元认知功能。个人演练是个体话语的类型，指的是在语言表达之前的小声演练，尽管这种演练可以缩小学习者最近发展区，更快地实现自我调节，从而学得知识。但是个人演练应该属于类型而非功能上的分类。

魏岩军等（2014）的研究保留了个体话语的情感和参与功能，并将内化和任务相关合并为认知和元认知功能，总结出个体话语功能的三大组成部分，即认知和元认知功能，情感功能和参与功能。这个分类框架部分符合了Yoshida（2008）对重复作为个体话语的功能分类：认知和元认知、情感和社会功能。本研究的参与功能与Yoshida的社会功能是一致的。

Smith（2007）对个体话语的认知和元认知功能进行了更细致的分类，有以下7类：自我评估、启动/集中思考已产出的语言形式和意义、试图搜寻第二语言词语表达、表达意义的同时给思考创造机会、试图回忆已学的词语、表示回忆成功和通过造句来理解和验证词语意义等。Smith的研究是针对双语儿童在完成一个语言游戏时产出的个体话语，其本来目的也不是为了研究个体话语，总语料数也只有16条。因而其个体话语的功能框架是有局限的。本文根据大量语料，保留了其自我评估、试图搜寻第二语言词语表达、试图回忆已学的词语和表示回忆成功等功能，增加了加工和记忆目的语语言形式、将现有的语言知识与原有的语言知识进行比较、将注意力集中在要学习的生词和语法上等功能。

情感功能的分类参照了Centeno-Cortés（2003）的分类，但是其中删去了其自我提问表达情感一类。本文认为自我提问属于个体话语的类型，不是功能的分类，自我提问可能表达的功能内涵有很多，并不是情感功能下的小类。最终形成以下四小类：借助个体话语的评论式表明知识的习得，成功习得某语言知识后而来的成就感，表露自己对语言学习的某种失望，面对较难的学习内容和任务时的感觉和态度。

魏岩军等（2014）综合以上前人的研究，并根据语料分析将功能分类框架不断修改和补充，最终形成如下个体话语的功能框架（见表5-14）。

表 5-14　个体话语的功能框架

个体话语的功能	
认知和元认知	加工和记忆目的语语言形式
	将现有的语言知识与原有的语言知识进行比较
	将注意力集中在要学习的生词和语法上
	自我评估
	试图去搜寻第二语言词语表达
	试图回忆已学的词语
	表示回忆成功

情感	借助个体话语的评论式表明知识的习得
	成功习得某语言知识后而来的成就感
	表露自己对语言学习的某种失望
	面对较难的学习内容和任务时的感觉和态度
参与	

Saville-Troike（1988）和Ohta（2001）认为，个体话语具有以下特点：①说话时没有与对方的眼神交流；②说话人没有明显的对回应的期待；③大部分个体话语都以较低的音量出现。魏岩军等（2014）在已有研究基础上，根据实证研究结果将个体话语的功能概括为以下3类：认知与元认知功能、情感功能、参与功能。由于魏岩军等（2014）的研究是一位教师同时与多名学习者互动，因此出现了学习者通过个体话语参与到教师与其他学习者的对话中，而本研究是一位教师与一名学习者进行互动，因此个体话语的参与功能表现得不明显。下面主要从个体话语的认知功能、元认知功能和情感功能对本研究中个体话语的功能及其在促进学习者能力发展中所起的作用进行分析。

（1）认知功能

Swain等（2009）指出，语言调节是一种用于调节和解决复杂问题和任务的言语表达形式。当学习者遇到困难时，他的言语表达以出声思维（Think Loud）的方式出现。这表明学习者还没有达到通过内在言语来思维的阶段，需要借助个体话语完成认知。学习者以元语言知识（"把"字句的结构）作为调节工具，正确产出了"把"字句的结构，尽管最终未能说出正确的动词。

片段 25

1 Chu：小明把…啊…东西（笑）

2 T：椅子

3 Chu：椅子

4　T：　　[chair，椅子（老师用手拍椅子）

5　Chu：^{0}wait，What's the structure^0

6　T：嗯？

7　Chu：小明把椅子…^{0}wait，Object，Volleyball（学习者将V.说成

Volleyball）—verb^0…在！他的房间？

从片段26中，我们发现学习者在片段25中未能说出正确的动词是有原因的，因为学习者不明白verb这一术语指什么。在之前的导入环节（见片段26），学习者便表现出了这一点，他将"把"字句结构中的O.解读为Zero（第6行），将V.解读为Volleyball（第10行），但是当时教师以为学习者是在故意开玩笑，其实这表明他对这些元语言概念是陌生的。他在用一种打趣的方式告诉教师"我不知道"。教师应该重视学习者"异常"行为背后反映出的问题。如果当时教师意识到了，便可以在导入环节对学习者提供及时的帮助，帮助他扫除这一障碍。

片段 26

1　T：好，the structure（老师指着导入材料上的"把"字句结构）

2　Chu：哦：OK

3　T：Subject

4　Chu：Plus 把

5　T：把

6　Chu：Plus…zero?

7　T：Object（笑）

8　Chu：（笑）Object？

9　T：（笑）Yeah，object...Then verb

10　Chu：　　　　　　　[volleyball?（笑）

11　T：（笑）verb。

12　Chu：That's verb

（2）元认知功能

在片段27中，学习者在对图片进行描述的过程中，产出句子后小声问自己"可以说吗"，然后马上回答"不可以"，学习者这一自问自答式的个体话语不是学习者（I）与教师（You）的对话，而是学习者自己（I）与自己（me）之间的交流，起到了对自己的口语产出进行评价和反思，调节自己的元认知功能的作用。

片段 27

1　T：他在做什么？

2　Zhi：他…啊…他…放…额…书（.）　放（.）wait, What's the first one again 老师 °他 It's object and then...° °可以说吗? ° °不可以°

3　T：他：：

4　Zhi：他放…°no not 放° I forgot

（3）情感功能

在片段28中，学习者认为图片描述任务对自己来说有一定的难度，通过个体话语表达了对学习任务的态度和感受。

片段 28

Juan：°Oh so hard° 很难

在片段29中，学习者表示"我的头在流血"（my head is bleeding）。从这句话可以看出，在整个调节过程中学习者不是被动的接受者，而是作为积极的参与者，与教师共同构建最近发展区。

片段 29

Chu：Wu（长舒一口气）°my head is bleeding：°（笑）

在片段30中，学习者在教师的反复调节后终于发现句子中少了介词，并成功修正，大声喊出"在"。虽然个体话语常常以较低的音量出现，但较低的音量并不是判定个体话语的必要条件。本片段中，学习者说"在"的时候没有与教师的眼神交流，也没有期待教师的回应。此时，较低的音量已经不能抒发学习者的情感，学习者通过提高音量使之前一直出错的压力得到释放，表达了学习者成功解决问题后的兴奋和成就感。

片段 30

Chu：小明把椅子… ^{0}wait，Object，Volleyball（学习者将 V. 说成 Volleyball）

　　—verb^0… 在！（突然提高音量，兴奋地说出"在"）他的房间？

（2）合作对话式语言调节

社会文化理论认为，社会互动是知识的源头。下面我们对师生互动的语料进行微观发生分析，考察合作对话式语言调节促进学习者口语能力发展的机制。

在片段 6 中，学习者的产出出现偏误，教师给予反馈后，学习者产生了个体话语。这一个体话语的产生是学习者将个体话语作为工具来调节自己思维和语言的体现，标志着学习者正在实现语言知识与技能从心理间向心理内的转化。

（3）基于概念的语言调节

基于概念的语言调节是指学习者利用元语言知识等科学概念进行自我调节，科学概念的符号化程度较高，表明学习者所处的调控阶段较高。

在片段 31 和片段 32 中，学习者用 subject、object 等科学概念进行自我调节，采用自上而下的加工方式，成功说出相应的主语和宾语。

片段 31

1　T：嗯，不对，哪里不对？

2　Chao：I know it's at the end，because 玛丽 is Subject，Then 把，Then
　　行李 Object，Then verb is... 放？ Yeah 放，Then... S：：：Then 啊！
　　放（.）放在（.）行李车上

3　T：嗯：好，再说一遍

4　Chao：（笑）玛丽把行李放在行李车上

片段 32

1　Chao：你应该把 object，你应该把停车场…放？ 到？

2　T：Object 对吗？

3　Chao：No…object is not 停车场，it's not an object. 啊 汽车，it's an object

4　T：对

5　Chao：你应该把汽车放到停车场。

　　与上述片段形成鲜明对比的是下面的片段。在片段33中，他知道"把"字句结构中要有Verb，但是并没有说出正确的动词，也就是说将元语言概念verb作为调节工具的结果是失败的。他把V.这一缩写解读为Volleyball（第1行），虽然有开玩笑的成分，但从这一行为可以看出他并不知道Verb是什么。可以说Verb这一术语在他的最近发展区之外。在第2行中，学习者告诉老师自己不知道什么是Verb，老师给出解释Verb is action（第3行）。随后在第5行，我们发现学习者的个体话语不再是上一片段中的Verb，而是用了action这一更具体、更容易理解的词来调节自己的语言表达，我们发现这次他成功了。通过老师的解释Verb is action，师生共同构建出了一个最近发展区，action这一更加具体的概念激活了学习者头脑中的动词"带""放"。

　　学习者无法利用"Verb"这一科学概念来进行自我调节，老师对科学概念进行解释"Verb is action"，学习者才得以利用这一更加具体的概念采用自下而上的方式进行自我调节。这一现象说明学习者对于动词的理解还停留在"自发概念"的程度，没有上升为"科学概念"，因此用术语Verb这样抽象的"科学概念"无法成功调节自己，只能将调节工具降阶，以更加具体、更加贴近自己生活经验的概念作为调节工具。然而，学习者虽然说对了动词，但是忘了介词"在"。这是由于学习者对"把"字句结构的掌握还没有达到程序化的程度，在本片段中学习者又将大量认知加工资源放在了动词上，由于学习者的认知加工资源是有限的，于是出现了顾此失彼的现象。

片段 33

1　Chu：小明把椅子…^{0}wait, Object, Volleyball（学习者将V.说成Volleyball）

　　—verb^0… 在！他的房间？

　　……

2　Chu：I forgot what the noun a verb and all of those are

3　T：哦，verb is action

4　Chu：哦！>okokok<

5　Chu：小明带他的…哦 小明（.）把…东西（笑）...^{0}东西... Um… What's an action^0…带…房间—啊，放！（.）家

六、结语

徐锦芬和雷鹏飞（2018）指出，尽管最近发展区理论对课堂互动有较好的解释力，但现有研究常把最近发展区预设为早就存在于学习者心智中的属性，而最近发展区的起点与终点特征如何，怎样测量，少有研究涉及。我们根据教师调节等级量表和学习者回应等级量表对学习者位于最近发展区中的能力进行量化，刻画出了学习者最近发展区的起点、发展过程和终点。通过对师生互动语料的转写和标注，我们发现在调节学习环节中，学习者从图1到图6所需教师调节数量总体呈现下降趋势，学习者需要的显性调节越来越少，所需教师调节的等级趋于隐性。这表明学习者对教师的依赖不断降低，独立完成任务的能力不断增强。但这一变化过程并不是线性的，中间存在曲折反复的现象。学习者从图1到图6对教师所提供调节的回应越来越积极，表明他们开始从他人调控走向自我调控，最终完成了语言能力从心理间到心理内的转化。

本文通过定量统计和微观发生分析相结合的方法考察了学习者位于最近发展区内学习潜能的发展过程以及背后的发展机制。结果发现，在调节互动过程中，学习者所需教师调节数量总体呈现下降趋势，所需教师调节的等级趋于隐性，学习者对教师所提供调节的回应越来越积极。这表明调节互动有助于学习者从他人调控走向自我调控。微观发生分析表明，师生互动环境是知识发生的前提，师生共同构建最近发展区的过程促进了学习者的认知与情感参与，是语言能力获得的实现方式，学习者通过创造性模仿实现知识与技能的内化。在此基础上，我们尝试为汉语作为第二语言的口语教学提出以下

教学建议：

（1）在口语教学中，教师不应只关注学习者独立完成口语表达任务时的表现，还应该关注学习者在他人帮助下的表现，对学习者的回应保持敏感，并根据其回应确定调节策略，做到有的放矢。

（2）在互动过程中，教师与学习者是共同构建最近发展区的合作者，因此教师应遵循从隐性到显性的原则提供调节，不片面追求教学效率，避免过度调节，在互动过程中充分发挥学习者的能动性（秦丽莉，2017），促进学习者的认知与情感参与，促进学习者位于最近发展区内学习潜能的发展。

第三节　汉语学习者的认知体验和情感体验

一、引言

Fogel（1991）在讨论互动同步（Interactional Synchrony）的概念（如 Co-regulation）时举例说，一位母亲想让躺在地上的孩子坐起来，这位母亲至少有两个选择来实现这个目标：一是把孩子当成物品一样，直接把他放成坐姿。这种方法很快达到了目的。二是让孩子抓住她的手，她往上使劲，同时引导孩子抓着她的手向下使劲。最终，孩子也坐起来了，只不过用的时间比较长、效率低。两种方法的结果没有区别，孩子都坐起来了，然而在第二种方法中，由于孩子作为一个社会主体（Social agent）参与了这一活动。他体验到了自己的能动性（Agency），而非像一个物品一样任人摆布。这两种方法的区别是在这一过程中，孩子主动参与了，而且作为社会主体发挥作用（Lantolf and Poehner，2010）。同时，孩子在这一过程中也享受了通过自己的努力获得成功的满足感和愉悦感，特别是当母亲给予孩子积极的反馈之后。

调节互动的目标不仅仅是使学习者获得口语知识和技能，更重要的是使学习者的学习潜能得到发展，帮助学习者跨越实际发展水平和潜在发展水平之间的距离，实现从他人调控向自我调控的转变。也就是说，调节学习在"授之以鱼"的同时希望实现"授之以渔"。与 Fogel（1991）中母亲对待孩子的理念一样，在调节学习中，教师通过调节改变学习者的学习状态，并根据学习者的学习状态改变教师的调节方式，目的是与学习者共同构建最近发展区，改变学习者被动接受的状态，引导学习者主动参与到学习过程中来。由于有了教师的调节，学习者不再以直接、偶然、任意的方式与环境互动，而是可以借助教师的调节思考和理解不同现象之间的联系和规律，在这一过程中获得深刻的调节学习体验。本节着重考察调节互动带给学习者的学习体验。

二、文献综述

已有关于第二语言学习过程的研究较多地关注认知过程，对如何理解二语学习中的情感因素关注不足（Swain，2013）。Vygotsky 的社会文化理论将认知和情感结合在了一起，认为二者是不可分割的整体。

调节学习体验理论认为，心理机能的认知维度和情感维度是不可分的（Mok，2015）。Feuerstein 等（2003）认为学习者的动机和表现受情感因素的影响很大，包括成就感的获得、面对挑战的反应、对失败的担心和害怕、想要独立完成任务的需求、对焦虑的宽容态度等。Feuerstein（2003）认为，不同的情感会带来个体能力完全不同的结果。因此他倡导调节者要关注情感维度，不管是在评估还是在教学。此外，调节学习体验理论强调一种共同参与感，以及外显地帮助学习者认识和解读自己的成功的重要性。正如 Feuerstein 所说，调节学习体验需要调节者与主体互动，并在情感层面上鼓励、刺激、与主体融合在一起（Poehner and Infante，2017）。

Swain（2013）从情感因素入手，运用质性分析的方法对师生互动语料进行了微观发生分析，通过定位学习者的"挣扎时刻"（Struggle Moments）和"恍然大悟时刻"（Aha Moments），分析情感因素对学习者语言习得的作用。Swain（2013）反对将情感看作是个体私人的、内在的反应。她认为情感是人与人之间的（心理间），而不是个体内部的（心理内）。情感因素和认知因素共同调节着学习过程。

李丹丽（2012）以社会文化理论为背景，运用微观发生法考察分析了中国香港某高校一位英语教师指导学生完成任务时的互动话语，旨在研究教师话语的"支架"构建作用。该研究参考前人研究发现的支架类别和特征（参见Wood等，1976；Gallimore and Tharp，1990；Donato，1994；Hall，2001），总结了7类支架功能：①引起兴趣；②简化任务；③维持既定目标；④指出相关特点及差距；⑤控制挫折感；⑥做出示范；⑦反馈。姜晓（2016）以问卷调查与数据分析为主要研究方法，考察了第二语言短期强化项目中教师课堂教学"支架"构建的情况，分析了李丹丽（2012）的研究中7种"支架"类型的使用比例，学习者对"支架"效用的评价，以及这些"支架"构建与学习者习得成效的关系。研究结果发现，"引起兴趣""维持既定目标""控制挫折感"3种"情感支架"是影响学习者短期语言习得成效的直接因素，强调了这类支架对学习者"自我调节"能力的重要性。

三、研究方法

（一）研究目的

目前的汉语课堂教学受结构主义的影响，对教学内容的关注远远高于对学习者本人的关注。调节学习关注的不是学习内容，而是学习者和教师是如何共同参与到学习过程中的。社会文化理论关注的是人，将学习者看作社会主体，而非被动接受知识的被试（Subject）。社会主体这一概念强调了学习者的参与性（Engagement）和能动性。

教师通过调节与学习者共同构建最近发展区，必然带给学习者一定程度的挑战，因为在这一过程中教师不断地将学习者推出舒适区，即学习者当前能够轻松达到的水平。Vygotsky曾说，"如果不经历克服困难时的思考和挣扎，学习就不会发生"（Swain，2013）。这一挑战会使学习者的能动性得到发挥和增强，同时会给学习者带来焦虑感、挫败感，当然也会给学习者带来克服困难后的愉悦感和成就感。Vygotsky将认知与情感看作一个辩证统一的整体，因此学习者的参与体现为认知参与和情感参与（Qin and Ren，2021）。学习体验是指在调节学习过程中，学习者通过自身的认知与情感参与获得的学习体验，包括认知体验和情感体验。本研究从认知体验和情感体验两方面对调节学习为学习者带来的学习体验进行分析。

（二）被试

汉语二语学习者，第一语言为英语。汉语水平考试（HSK）水平为2级，汉语水平口语考试（HSKK）水平为初级。

（三）任务及实施步骤

教师以"一对一"调节互动的教学形式帮助学习者完成看图说话任务。教师呈现图片，请学习者用"把"字句对图片内容进行描述。如果学习者的口语产出无误，教师呈现下一张图片；如果学习者的口语产出存在问题，教师根据学习者的回应，按照教师调节等级量表遵循从隐性到显性的顺序为学习者提供渐进式调节。共呈现6张图片，全程录像。

（四）语料转写与标注

本研究利用Nvivo 11.0软件对师生互动语料进行转写，转写符号（见附录10）参照魏岩军等（2014）的研究。在此基础上，通过质性分析的方法考察学习者的学习体验。

四、结果与讨论

（一）学习者的认知体验

下面我们通过学习者能动性的差异以及同一学习者能动性的变化，来考察调节学习带给学习者的认知体验。能动性指参与社会活动、寻求个体发展的主体的意志（Willingness）、动机（Motivation）和选择等，是主体在追求自身目标时选择、控制及自我调节的能力的体现（徐锦芬、雷鹏飞，2018）。

1.学习者之间能动性的差异

当教师要求学习者对产出的句子进行确认时，由于能动性上的差异，不同学习者的表现有以下几种：①学习者Tan回避教师的问题，拒绝确认，认为自己的句子没有问题。②学习者Lee面对教师的确认请求，对自己产出的正确性产生怀疑，开始检查自己的句子。③学习者Chao面对教师的确认请求，非常确定自己的产出存在问题，但不能确定问题在哪儿，不能马上修正。④学习者Vince面对教师的确认请求，能够马上意识到问题在哪儿并完成修正。下面结合这几名学习者的师生互动语料进行进一步分析。

在片段34中，学习者Tan产出的"把"字句中缺少介词。教师首先给出了较为内隐的调节，通过说"对吗"请学习者对自己的句子进行检查，希望学习者能够意识到句子中存在的问题。但是面对教师的这一调节，学习者Tan没有对句子进行反思，而是不假思索地回答"of course 对"（"当然对"）。这一回应其实是在回避教师的问题（回应等级为1），是回应等级量表中最低的等级。接着教师给出了更加外显的调节，明确告诉学习者句子存在问题，但仍然没有将学习者的注意力引导到句子存在的问题上。学习者的回答（第5行）与第3行中的回答相同（回应等级为1）。学习者Tan在师生互动过程中的表现相当被动，表明他还没有足够的能力去理解教师提供的帮助，教师需要承担起修改错误的绝大部分责任，需要通过调节引导学习者关注目标结构，进而开启与学习者共同构建最近发展区的旅程。从学习者较低的回应等级可以看出学习者还严重依赖教师的调节，处在他人调控阶段，能动性比较弱，距离实现自我调控还有相当大的距离。

片段34

1　Tan：她想把包挂门上

2　T：对吗？

3　Tan：Of course 对

4　T：不对

5　Tan：Of course 对

6　T：不对

7　Tan：Why

8　T：少了一个词

与学习者Tan的表现不同，在片段35中，教师刚刚重复完学习者的句子，还没有发出确认请求时，学习者Lee便对自己产出的句子的正确性产生了怀疑（第4行），开始对句子进行检查。与学习者Tan回避教师的问题（回应等级为1）不同，学习者Lee考虑了调节者的反馈（回应等级为4），其回应等级更高，表明学习者Lee所处的发展阶段比Tan更高。尽管学习者Lee没有马上完成对句子的修正，但是他能够理解老师的调节，可以从教师所提供的调节中获益。比起学习者Tan来说，学习者Lee与教师的互动有了一个良好的开端，开启了共同构建最近发展区的旅程，逐渐承担起发现和改正错误的责任。虽然学习者Tan仍然处在他人调控阶段，但是已经产生了自我调控意识和行为的萌芽，能动性在逐渐增强。

片段 35

1　T：她在做什么？

2　Lee：玛丽把书包…挂…啊，挂门

3　T：玛丽把书包挂门，对吗？

4　Lee：　　　　[yeah?（脸上露出"难道不对吗"的探询的表情）

5　Lee：>wait< 玛丽…在门

6　T：（老师摇头）

7　Lee：玛丽把…书包挂在（.）门（.）上

8　T：嗯，非常好！

在片段36和片段37中，学习者Chao面对教师的确认请求，非常确定自己的产出存在问题（回应等级为5），其回应等级比上述两名学习者更高。虽然学习者还不能马上指出自己错误的位置，但是在教师较为内隐的调节下学习者就能够确定自己的句子存在问题，这反映出学习者Chao比学习者Tan和Lee自我调节的意识和能力更强，处于部分自我调控阶段，离实现自我调控的距离更近。

片段 36

1　Chao：玛丽把行李放行李车上

2　T：对吗？

3　Chao：There's something wrong

片段 37

1　Chao：哦，at the end. So 玛丽把行李到？ No 到？ Xi：：：行李车上

2　T：玛丽把行李到行李车上

3、Chao：Yeah. No no. It sounds wired. 不对不对（摆手，表示不对）

在片段38中，学习者Vince面对教师的确认请求，能够马上找到问题的位置并成功修正（回应等级为6）。在教师提供非常内隐的调节下，学习者便能依靠自己克服困难，反映出学习者具有较强的能动性，对教师的依赖较少，开始自己承担改正错误的责任，已经达到部分自我调控的阶段。

片段 38

1　Vince：你应该停你的车在停车场

2　T：对吗？

3　Vince：哦，你应该把你的车放在停车场

2.同一学习者能动性的增强

学习者的能力不是隐藏在学习者体内的，而是在完成相关活动的过程中逐渐形成的（Poehner and Lantolf，2013）。在师生互动过程中，学习者的能动性经历了从无到有，从弱到强的变化。

片段39—41是学习者Zhi在图2—4中与教师的互动语料。在图2（片段39）和图3（片段40）中，学习者Zhi没有意识到自己的句子存在问题，教师通过"对吗"请求学习者的确认，学习者依然没有意识到（回应等级为2）。教师只能给出更加外显的调节，明确告知学习者句子存在问题，学习者才意识到自己产出的句子存在问题（回应等级为4）。经过图2和图3的调节，在图4（片段41）中，学习者的回应能力有了明显的提升。学习者产出错误的句子后，教师还没有说话，学习者便自己意识到句子存在问题，并主动征求教师的意见（回应等级为5）。与前两张图片中的回应相比，图4中学习者的回应等级明显提高。学习者这一自我修正意识的产生表明了学习者能

动性的增强。通过学习者在这3张图片中能动性的变化，我们可以看出，调节学习不仅关注学习者口语知识和技能的获得，更加关注学习者学习潜能的发展。在这一理论视角下，学习者能动性的增强，意味着学习者自我调节的意识和能力的提升，表明学习者在从他人调控向自我调控转变的道路上又前进了一步。

片段 39

1　T：对吗？

2　Zhi：不对？

3　T：不对

4　Zhi：Hoops

片段 40

1　Zhi：她现在书包放到门上

2　T：对吗？

3　Zhi：不对？

4　T：不对

5　Zhi：哦

片段 41

1　T：他在做什么？

2　Zhi：他想…他想书包…放在车上

3　T：（老师没有说话，看着学习者）

4　Zhi：不对？

5　T：不对（笑）

6　Zhi：哦

在片段42中，学习者Chu在遇到困难时，不再是等待教师的帮助，而是多次通过说"wait"（"等一下"）拒绝教师的调节（回应等级为9），为自己争取思考的时间。这表明学习者不愿被动接受教师给出的答案，而是希望发挥自己的主观能动性克服困难。

片段 42

1 Chu：^{0}Wait，What's the structure^0

2 T：嗯？

3 Chu：小明把椅子…^{0}wait，Object，Volleyball—verb^0…在！（突然提高音量，兴奋地说出"在"）他的房间？（声音变小，笑，试探性说出）

……

4 Chu：>Wait wait wait< 小明把：椅子…嗯：：^{0}wait^{0}椅子（边说椅子，边打响指）^{0}verb，verb，verb^0…椅子…在家

……

5 Chu： 玛丽（.）wait wait wait 玛丽把（.）书包放（.）在（重读）...车

（二）学习者的情感体验

1.克服困难后的顿悟

在片段43中，我们关注了学习者的"Struggle—Aha Moment"。教师先是要求学习者确认，学习者尝试了3次之后（第3行、第5行、第7行）仍不能指出错误的位置。这时教师指出了错误的位置（第8行），学习者努力克服困难，但最终未能给出正确的回答，发出"噗"的叹气声，可以说学习者正在经历"Struggle Moment"。当教师展示出卡片2后（第20行），学习者恍然大悟，一眼发现了自己的错误所在，兴奋地大声喊出自己丢下的那个词——"到"（第21行）。这是学习者的"Aha Moment"。学习者乘胜追击，说出整个句子，身体往椅背上一靠，如释重负（第26行）。在这一过程中，学习者经历了"困惑（Frustrated）—挣扎（Struggle）—顿悟（Aha）—如释重负（Relax）"的情感变化。这些情感上的变化与学习者的认知变化是相辅相成、辩证统一的。

片段 43

1 Chu：小明把椅子（.）放家

2 T：放家？

3 Chu：放家

4 T：不对

5 Chu：放他的家？

6 T：不对

7 Chu：放那里

8 T：放…他的家中间少了一个词

9 Chu：　　[里面　　[啊？

10 T：放什么他的家？

11 Chu：放里面他的家

12 T：不是里面

13 Chu：放…他的房间他的家

14 T：放…他的家…中间少了一个什么词？

15 Chu：词？

16 T：少了一个词，missing one word

17 Chu：的家

18 T：不对

19 Chu：噗（叹气）小明把椅子…

20 T：　　　　　　　　[我们来看看（老师展示卡片2）

21 Chu：啊，（学生看卡片2）到：：：！（音量突然提高，大声说出）家

22 Chu：小明…想把…椅子放到家

23 T：嗯，放到…

24 Chu：到，他的家

25 T：嗯，对

26 Chu：啊：（笑，身体往后仰，如释重负）

2.成就感的获得

与认知活动一样，情感活动同样需要调节工具来调节。如Vygotsky所

说，情感与认知是不可分的，是辩证统一的整体。因此，对于情感活动的调节也会促进认知的发展。在下面的片段中，学习者在猛然回忆出"开到"的"到"后，将手里的笔猛地点了一下桌子又快速扬起来。学习者在之前全神贯注地思考和回忆时累积的紧张情绪和压力在这一刻得到了宣泄和释放。在得到教师的肯定反馈后，学习者又大声说了一遍"开到"，并使劲点了一下头，露出自豪的微笑，仿佛在说："看，我说对了吧！"学习者的这些身体语言作为情感活动的调节工具，具有双重作用。

对于教师来说，学习者通过这些动作将自己的情感外化、可视化，为教师了解和理解学习者的内心感受提供了窗口，便于教师了解学习者的心理状态，并在此基础上提供合适的调节，与学习者共同构建最近发展区。在上面的例子里，学习者在思考过程中非常投入。第6行，教师试图给出提示，遭到了学习者的拒绝（第7行）。学习者生怕教师直接说出正确答案，一边说"no"来阻止教师提供进一步提示，一边加紧思考和回忆（第8行）。这反映了学习者能动性和自我调控意识的增强，表明学习者有信心完成这一任务，希望挑战自己。在学习者终于说出正确答案后，教师通过增加音量、延长时间的"对"，给予了学习者及时的、热情的积极反馈，使学习者的好胜心和自尊心得到满足，增强了学习者的自信心和成就感。

对于学习者来说，外化的身体语言一方面使积极思考时的压力、成功作答后的开心、获得教师认可后的骄傲得到了充分释放；另一方面这些动作又强化了学习者的成就感，使这次自我调节的成功经历得到强化。这样的经历和情感体验通过外化的身体语言得到进一步固化，作为调节学习体验在学习者未来遇到挑战和困难时提供帮助，作为成功的范本为学习者提供参考。

片段 44

1　Lim：公安把汽车…开…开在停车场（.）停车场上

2　T：上？里

3　Lim：里，停车场里

4　T：对。开在？在，对吗？

5　Lim：Enter，开（手向前伸，比画着进去的动作）

6　T：开：：

7　Lim：No 老师，enter you said earlier，开（手向前伸，比画着进去的动作）

8　T：Yeah 开：

9　Lim：开：：（眼珠子在转，在思考）到（非常果断地说出到表情突然变得严肃，眼神坚定地看着老师，将手里的笔猛地点了一下桌子，又扬起手）

10　T：对：

11　Lim：开到（大声说出，使劲点了一下头，露出满意自豪的微笑，似乎在说"看，我说对了吧"。）

3.重拾自信

学习者在图3中产出了正确的句子，通过学习者的"哇哦"可以看出他对自己的表现很满意，这次正确的回答大大增强了他的自信。在图4中，学习者的产出出现了错误，由于学习者沉浸在上一题带给自己的自信中，在教师请学习者检查自己的句子是否有问题时，学习者不假思索地回答"of course 对"（第3行），甚至在教师明确指出句子存在问题后，依然回答"of course 对"（第5行）。教师又一次明确指出句子存在问题后，学习者的盲目自信开始出现动摇，在教师进一步指出句子错误的类型和位置后，学习者很泄气地拍了两下椅子扶手和自己的腿（第9行）。这一动作表明学习者从盲目自信中走了出来，开始正视句子中存在的问题。至此学习者才开始领会教师的调节意图，师生开始共同构建最近发展区。这表明，情感因素对学习者的认知发展具有重要作用，盲目自信会使学习者不能正视自己的问题，进而阻碍认知发展。这时需要教师对学习者的情感进行调节。很快，学习者便确定了错误的类型并成功修正了自己的产出（第11行）。通过这一系列情感体验上的变化，学习者最终克服困难重拾自信。

片段45（图片3）

1 T：他在做什么？

2 Tan：他想把书放在桌子上

3 T：好

4 Tan：哇哦：

片段46（图片4）

1　Tan：她想把包挂门上

2　T：对吗？

3　Tan：Of course 对

4　T：不对

5　Tan：Of course 对

6　T：不对

7　Tan：Why

8　T：少了一个词

9　Tan：（很泄气地拍椅子扶手两下和自己的腿一下）额（左手指了一下图片，然后在空中比划了几下，然后左手手心向下，右手放在左手上面，拍了左手手背两下）

10 T：他把包：

11 Tan：他把包挂…挂在门上（用手比画了挂包的动作）

12 T：对了！

13 Tan：Oh my god

14 T：So you know What's the problem of the sentence?

15 Tan：No"在"，no"在"

16 T：No"在"，嗯

17 Tan：Oh my god

（三）认知体验与情感体验的辩证统一

目前的汉语课堂教学受结构主义的影响，对教学内容的关注远远高于对学习者的关注，而调节互动强调学习者在互动过程中的认知参与和情感参与。下面结合片段42进行分析。

学习者的能力不是隐藏在学习者体内的，而是在参与完成相关活动的过程中逐渐形成的（Poehner and Lantolf，2013）。在师生互动过程中，学习者的能动性经历了从无到有，从弱到强的变化。在片段4中，学习者在遇到困难时，不再是等待教师的帮助，而是多次通过说"wait"（"等一下"）拒绝教师的调节，为自己争取思考的时间。这表明学习者不愿被动接受教师给出的答案，而是希望发挥自己的主观能动性克服困难。Vygotsky曾说，"如果不经历克服困难时的思考和挣扎，学习就不会发生"（Swain，2013）。这一挑战会使学习者的能动性得到发挥和增强，同时会给学习者带来焦虑感、挫败感，当然也会给学习者带来克服困难后的愉悦感和成就感。学习者的认知参与和情感参与是辩证统一、相辅相成、互相促进的。调节互动有效提高了学习者的参与性和能动性，在促进学习者认知参与的同时，也促进了其情感参与。学习者在这一过程中通过提高音量、笑、打响指等动作将自己的情感外化、可视化，为教师了解和理解学习者的内心感受提供了窗口，便于教师了解学习者的心理状态，并在此基础上提供合适的调节，与学习者共同构建最近发展区。在上面的例子里，学习者在思考过程中非常投入，教师试图给出提示，遭到了学习者的拒绝，学习者生怕教师直接说出正确答案，一边说"wait"来阻止教师提供进一步提示，一边加紧思考（第4行）。这反映了学习者能动性和自我调控意识的增强，表明学习者有信心完成这一任务，希望挑战自己。

五、结语

本研究从认知和情感两个方面对学习者的调节学习体验进行分析。通过分析发现，学习者的学习体验是通过调节学习获得的。在调节学习中，知识和技能不是通过线性传递来发生的，而是需要学习者发挥能动性参与到知识和技能的获得过程中。为了实现共同调节，要求教师提供的调节要足够外显，但是又不能太外显，以免限制学习者充分参与这一活动。比如，在活动开始之初学习者需要的调节，在学习者获得更多对语言的控制之后就不需要了，之前帮助学习者发展的调节，变成了他继续发展的潜在障碍。也就是说，如果调节不随着学习者的需求变化而进行调整的话，会导致学习者丧失能动性和自主性。Feuerstein十分看重工具强化项目对学习者个体可塑性的贡献，并提出"请把我作为活动的参与者。通过我完成任务，并和我一起完成。不要替我完成任务"。最近发展区是一个共同调节、合作的活动。正是通过自我调控，个体使用并内化了社会互动环境中的各种调节。通过这种方式，个体最终实现了自我调控。

学习者通过自己的参与在学习过程中获得了认知体验和情感体验。在调节学习体验理论的倡导者看来，每个人的一生都在接受和经历着调节学习体验（Feuerstein，1991），并且任何群体的学习和任何认知领域的学习都是调节学习体验的学习。正如Bruner（1980）所说的那样，"调节学习体验不仅对残疾人有帮助，对我们所有人都有帮助，因为是调节学习体验使我们成为了人"。Feuerstein认为教育的目标是使个体的可塑性增强，增强学习者与这个持续快速变化的世界相处的能力，在面对问题时可以像Feuerstein工具强化项目的座右铭"请稍等，让我想一想"那样，为学习者创造发挥能动性的时间和机会，在这一过程中丰富学习者的学习体验。

第三部分 〉〉〉

研究展望篇

第六章 脑科学研究手段与社会文化理论视角下的汉语二语习得研究

　　Vygotsky 认为，社会互动是知识产生的源头，教学中包含大量的社会互动。然而，受研究手段的限制，我们对社会互动的脑机制并不清楚。师生互动是课堂教学中的核心环节。在师生互动过程中，知识和技能是如何完成传授和习得的？在这一过程中，教师和学生的大脑产生了何种变化？长期以来，由于研究手段的限制，研究者无法对教学过程教师与学生的脑机制进行实证研究。随着脑科学研究手段的发展，通过脑科学手段考察教学过程中师生互动的认知神经机制成为教育学、心理学等领域的热点课题。超扫描（Hyperscanning）技术的出现使研究者能够在社会互动的情境下同时考察两人或多人的脑活动及其相互关系，从而极大地推动了相关研究的发展。本章共包含两部分，第一节主要介绍超扫描技术在社会互动脑机制研究中的应用，第二节尝试将超扫描技术应用于社会文化理论视角下的汉语二语课堂互动认知与神经机制研究。

第一节 超扫描技术与社会互动脑机制研究

　　超扫描技术，也被称为多脑同时成像技术，是指利用神经影像学技术同时记录参与同一认知活动的多个个体的脑活动，也可以同时记录实时互动活动中的多人脑活动，通过分析不同个体脑信号之间的相关性、相干性、相似性、因果关系，以及不同个体的脑间活动同步以及脑间活动同步与个体行为间同步的关系，为社会互动脑机制的探索提供研究方法和手段。目前，功能性核磁共振成像（Functional Magnetic Resonance Imaging，fMRI）技术、脑电（Electroencephalogram，EEG）技术、脑磁图（Magnetoencephalography，MEG）技术，以及功能性近红外光谱成像（Functional Near-infrared Spectroscopy，fNIRS）技术等都已经被应用到超扫描技术研究中。

一、功能性核磁共振成像（fMRI）超扫描技术

fMRI是指利用磁共振造影来测量神经元活动所引发的血液动力改变的神经影像学技术。fMRI超扫描技术是指利用两台或多台核磁共振仪对两个及两个以上个体进行同步扫描。这一技术具有高空间分辨率（约为1mm）、非侵入性和较少的辐射暴露、可重复测量、可以探测到内侧前额叶皮层、眶额皮层、纹状体、杏仁核等深部脑区的活动等优势。但当我们同时需要两台或多台仪器来考察社会互动情况时，设备成本和空间成本较高。此外，fMRI在空间上限制了个体自然状态下的运动，生态效度较低。同时，脑数据采集过程中噪声较大，对个体完成互动任务，特别是以言语互动为主的任务干扰较大（李先春，2018）。

二、脑电（EEG）超扫描技术

EEG是指一种使用电生理指标记录大脑活动的方法。EEG超扫描技术采用两台或多台脑电记录系统，不同记录系统之间通过硬件界面实现时间同步。脑电记录是超扫描研究中最常用的技术（Scholkmann et al.，2013），这是由于这一技术具备以下优势：第一，脑电记录分析技术具有较高的时间分辨率，可以达到毫秒级别；第二，设备具有较高的便携性和可操作性；第三，脑电记录过程中对个体的活动限制较少，可以考察个体在更为自然状态下的表现；第四，与fMRI相比，脑电记录系统的设备成本和空间成本大大降低。但这一技术也存在空间分辨率较低、无法精确定位脑区、脑电信号的信噪比较低等劣势。

三、脑磁图（MEG）超扫描技术

MEG是一种无创伤性探测大脑电磁生理信号的脑功能检测技术，可用

于脑功能的基础研究和临床脑疾病诊断。与其他超扫描技术一样，两台或多台设备之间通过硬件界面实现时间同步。这一技术的优势在于，具有与fMRI相当的空间分辨率，能够实现对功能区的准确定位，同时，与fMRI相比，个体在扫描过程中可以进行较大范围的活动，可以消除在fMRI扫描仪中因空间狭小产生的不适感。设备成本较高，并且需要较为严格的电磁屏蔽环境是这一技术的主要劣势（李先春，2018）。

四、功能性近红外光谱成像（fNIRS）超扫描技术

fNIRS技术的基本原理是利用血液的主要成分对600～900 nm近红外光良好的散射性，提供脑功能活动过程中大脑皮层的血氧代谢信息，即含氧血红蛋白浓度变化（Δ[oxy-Hb]）、脱氧血红蛋白浓度变化（Δ[deoxy-Hb]）和总血红蛋白浓度变化（Δ[tot-Hb]）。fNIR具有购买与使用成本低、可在自然环境条件下使用、具有较高的时间分辨率和空间定位能力等特点。和fMRI相比，fNIRS具有更好的便携性和更高的生态学效度，同时适用人群更广泛，包括婴幼儿、成年人、老年人、精神疾病或心理疾病患者等；和EEG相比，fNIRS具有运动伪影的高耐受性和相对明确的脑区定位。但这一技术的空间分辨率较低（1～3 cm），而且只能收集大脑皮层表面的脑信号，无法探测杏仁核等皮层下结构的活动。

第二节　社会文化理论视角下的汉语二语课堂互动认知与神经机制研究

一、引言

第二语言学习者的口语能力是如何获得和发展的？心灵学派（Mentalist）和认知学派（Cognitivism）从心理语言学视角出发对这一问题进行阐释，忽视了语言习得的社会性。社会文化理论（Sociocultural Theory of Mind）学派认为，第二语言口语习得不仅是一种认知活动，而且是一种

社会活动，人际社会互动是知识和技能产生的源头，学习者借助调节工具的调节功能实现口语能力的获得和发展。在此基础上，Feuerstein等（1988）进一步提出调节互动（Mediated Interaction），这一概念是指在师生互动过程中，教师作为调节者（Mediator）利用调节工具与学习者共同构建最近发展区进而实现教学目标的教学方式。

调节互动以社会文化理论的两大核心概念调节（Mediation）和最近发展区（Zone of Proximal Development）为基础。一是调节，Vygotsky（1987）认为正如人类通过物质工具来改变世界一样，人类利用符号工具来调节思维的发展。就二语习得来说，语言输入与习得之间并非线性因果关系，语言习得有赖于调节工具的中介作用，从发生学的角度揭示了口语能力获得和发展的根本原因；二是最近发展区，是指学习者实际发展水平与潜在发展水平之间的距离。Vygotsky（1978）提倡对学习者的能力进行双重评价，一方面看学习者独立完成任务时的表现，另一方面看学习者与他人合作完成任务时的表现，即学习者的学习潜能（Learning Potential）。调节互动不仅有助于全面解读学习者的口语能力，还提供了一条促进学习者从他人调控走向自我调控的途径。

社会文化理论框架下的调节互动与认知互动框架下（Cognitive-Interactionist Paradigm）的传统互动具有本质区别。传统互动主要考察某一特定类型的反馈对语言习得的作用，重在"纠错"。其理论假设是语言输入调整能够为学习者提供可理解输入，接着语言习得就会自动发生。这一假设忽略了调节工具在语言输入与习得之间的作用。调节互动重在"合作"，教师通过提供从隐性到显性的一系列调节与学习者共同构建最近发展区，充分发挥了学习者的主观能动性，促进了学习者学习潜能的发展和成熟。

调节互动强调调节者和被调节者的互动关系，提供了通过互动实现学习目标的方法，改变了学习者作为"输入—输出"之间"传输管道"的被动接受状态，为互动研究提供了新的理论视角。口语知识与技能之间的关系是二语习得研究中一个重要的理论问题，学界对此存有争论。调节互动为知识和技能的转化提供了桥梁和手段，有助于深化对这一问题的认识。社会文化理论视角下的二语习得机制研究多采用质性分析的方法，虽然可为分析习得机制提供一些证据，但对行为变化背后的脑机制并不清楚。本研究运用脑科学研究手段，将调节互动和神经科学相结合，有助于揭示调节互动的神经机制，深化对二语习得机制的理解。教师通过调节等级量表对学习者进行调节，可准确诊断学习者面临的困难，为学习者提供适时适量的调节。

调节互动为探索口语能力习得机制开启了一扇窗口。透过它，我们可以看到学习者位于最近发展区内学习潜能的发展过程，进而回答学习者是如何实现口语能力获得和发展的。那么，调节互动能否促进汉语二语学习者口语能力的获得？其背后的认知与神经机制是什么？本研究采用跨学科的研究方法，综合运用行为实验、质性分析和功能性近红外光谱成像（Functional Near-infrared Spectroscopy，fNIRS）技术对上述问题进行考察。

二、文献综述

作为调节互动理念在二语教学中的应用，Aljaafreh and Lantolf（1994）率先考察了师生通过合作对话共同构建最近发展区对二语学习的作用。结果表明，通过教师调节，学习者在发现和纠正错误过程中对他人调节的依赖不断减少，自我调节能力得到提高。该研究基于师生互动语料提炼出在教学中具有可操作性的教师调节尺度量表，并在最近发展区的理论框架下提出语言能力评价指标应包括以下三方面：①学习者独立完成任务时的表现；②学习者所需教师调节的类型和数量；③学习者对教师调节的回应程度。后续大部分研究验证了上述研究结论，认为有效的调节必须对学习者的最近发展区敏感（Nassaji and Swain，2000；Lidz，2002；Poehner，2005；Lantolf and Poehner，2010；Lantolf et al.，2016；姜晓，2016；Poehner and Infante，2017、2019），并进一步提出了学习者回应量表（Learner Reciprocity Typology）（Poehner，2005）。但也有个别研究（Erlam et al.，2013）不支持上述研究结论。已有研究成果为本研究设计调节互动方案和确定口语能力评价指标提供了重要参考，但还存在以下问题：①在结论上，已有研究关于调节互动作用的结论不一致；②在对象上，针对汉语作为二语的研究较少；③在方法上，多采用描述性统计和质性分析，被试数量较少，母语背景不一致，难以根据研究结果进行推论。本研究拟在已有研究基础上设计面向汉语学习者口语教学的教师调节等级量表和学习者回应等级量表，采用实验研究（增加被试量、控制母语背景等因素）和质性研究相结合的方法考察调节互动的作用。

Funane等（2011）首次将fNIRS用于多人同时脑成像（Hyperscanning）。近10年来，研究者开始利用这一技术对教育学领域社会互动的神经机制进行探讨（Holper et al.，2012、2013；Dikker et al.，2017；Pan et al.，2017、2018）。Zheng等（2018）考察了推理知识教学过程中师生的脑间活动同步，结果发现，教师的脑活动与大约10秒后学生的脑活动有显著的脑间同步，教学效果与互动双方脑间活动同步（Interpersonal Neural Synchronization，INS）指标呈正相关，该同步出现在教师的颞顶联合区和学生的前颞上皮层。Pan等（2020）考察了教师采用"支架式"和"解释性"两种教学方式教授心理学知识过程中师生的脑间活动同步，结果表明教师采用"支架式"教学法时，师生脑间同步强度显著高于解释性教学法。在方法上，已有研究为本研究探索师生互动的脑间活动同步机制提供了新思路和新手段。但在对象上，已有研究以数学、音乐、心理学知识等为研究对象，尚未见到利用fNIRS多人同时脑成像考察第二语言习得神经机制的研究。本研究将利用这一前沿技术探讨二语习得中的师生脑间活动同步机制。

三、研究方法

（一）研究目的

考察调节互动对汉语二语学习者口语能力习得的作用，探明汉语二语学习者在调节互动过程中实现口语能力获得与发展的认知机制和神经机制。

（二）研究设计

调节互动作为一种口语教学方式，其中的"教"并非传统意义上的知识传授和技能操练，而是以教师调节等级量表（表6-1）为依据，根据学习者的回应（表6-2）通过"调节"来教，旨在与学习者共同构建最近发展区，促进学习者从他人调控走向自我调控；"学"也并非传统意义上的被动接受知识和技能的传输，而是发挥主观能动性通过调节来学。

已有研究多采用思辨和描述的方法对调节互动过程进行研究，无法了解师生大脑的工作机理。本研究将脑科学研究手段与行为实验、质性研究相结合，围绕调节互动的作用、认知机制、神经机制三个方面展开研究，具体包括五个研究的问题。

第一，调节互动能否提高汉语学习者的口语技能？能否在新情境中实现迁移？

第二，从学习者的学习潜能发展入手考察调节互动的认知机制：

（1）语言、图片等调节工具如何帮助学习者实现从他人调控向自我调控的转变？

（2）在调节互动过程中，教师调节和学习者回应的数量和等级呈现怎样的变化趋势？

第三，从师生双方的大脑活动入手探索调节互动的神经机制：

（1）调节互动能否带来师生双方的脑间活动同步？

（2）师生双方的脑间活动同步程度是否随调节互动的进行逐步增强？

表 6-1　教师调节等级量表（从隐性到显性）

等级	内容
1	接受学习者的回应，使其表达继续下去
2	停顿 / 重复学习者的话 / 重述学习者的话
3	提醒学习者注意题目要求
4	请学习者重述
5	要求学习者确认

等级	内容
6	明确告诉学习者句子存在问题
7	指出错误的位置或类型
8	给出元语言提示（以展示卡片的方式）
9	给出解释和例子
10	提供正确答案

表 6-2　学习者回应等级量表（从低到高）

等级	内容
1	不回应或回避教师的问题
2	不正确的回应
3	请求额外的帮助
4	回应中考虑调节者的反馈
5	尝试自我调节
6	克服困难
7	提供解释
8	将调节者作为资源
9	拒绝调节者的调节
10	自我调控

（三）研究步骤

针对研究的问题，下面介绍具体研究路径。

1.设计调节互动的实施方案

教学目标：使学习者能够运用"把"字句进行口语表达，促进口语技能和学习潜能的发展。

教学内容：使用"把"字句完成看图说话任务。

教学步骤：教师依次呈现10张图片，请学习者用"把"字句进行口头描述。教师遵循从隐性到显性的顺序提供渐进式调节。当学习者能够独立完成任务时，教师不再提供调节。

2.通过行为实验对比教学效果

采用"前测—教学—后测—迁移测"范式,全程实时录像。通过3(教学方式)×3(测试时间)两因素实验设计考察调节互动对学习者口语表达复杂度、准确度、流利度的作用。被试为初级水平汉语学习者60人,母语背景为英语,实验组(调节互动)、对照组(非调节互动)、控制组(无互动)各20人,男女各半。

3.转写与标注语料

对第2步的实验录像进行文字转写,运用Nvivo软件根据教师调节等级量表和学习者回应等级量表对实验组、对照组的师生互动语料进行标注。

4.对语料进行微观发生分析

以语言、图片等调节工具为线索,对互动中的语言相关片段(LREs)进行微观发生分析。

5.刻画学习者最近发展区的起点、发展过程和终点

对已标注语料进行量化分析,统计每张图片上学习者所需教师调节等级和学习者回应等级,以图片呈现时间为横坐标,分别绘制教师调节等级变化轨迹、学习者回应等级变化轨迹。

6.通过fNIRS技术采集不同教学方式下的师生脑活动数据

采用"前测—静息、师生互动(采集脑数据)—后测"范式,通过2(调节方式)×2(测试时间)两因素实验设计对比实验组和对照组的师生脑间活动同步。被试为初级水平汉语学习者60人,母语背景为英语,实验组和对照组各30人,男女各半。全程实时录像。使用ETG—4000光学成像系统同时采集师生的脑活动数据。

7.行为数据和脑数据分析

脑活动数据分析:考察师生特定脑区的激活状态,作为分析脑间活动同步的前提。测量师生的脑功能信号,以教学过程中的相干值减去静息态的相干值得到的INS增加值作为脑间活动同步指标。基于Matlab平台计算每组双方的两个fNIRS时间序列在时间和频率上的相关。

行为与脑数据相关性：对实验录像逐帧编码，将行为与脑数据相关联，考察二者的相关性。

四、预期结果

下面报告具体研究问题的预期结果。

第一，通过行为实验考察调节互动对汉语学习者口语技能发展的作用（研究一），即调节互动是否具有显著的学习效应和迁移效应，测量指标是口语表达的复杂度、准确度、流利度。

预期结果：在后测和迁移测中，实验组（调节互动）成绩显著好于对照组（非调节互动）和控制组（无互动），表明调节互动对学习者口语技能发展具有学习效应和迁移效应。

第二，通过质性分析考察调节互动的认知机制。以语言、图片等调节工具的使用为线索，对"语言相关片段"（Language-Related Episodes，LREs）进行微观发生分析，揭示语言习得发生和发展的机制（研究二）；以教师调节等级、次数及学习者回应等级为测量指标，刻画学习者最近发展区的起点、发展过程和终点。我们认为，即使学习者在两个相邻时间点都不能独立正确地完成任务，但比起上一时间点，学习者所需教师调节等级趋于隐性，或学习者的回应等级更高，便表明其学习潜能得到提高，师生在调节过程中实现了互动同步（研究三）。

预期结果：①在共时层面上，不同教学方式下师生互动同步程度差异显著，具体表现为实验组所需教师调节的数量总体呈下降趋势，等级趋于隐性，而对照组无显著变化。②在历时层面上，师生互动同步程度随调节互动的进行逐步增强。实验组对教师调节的回应越来越积极，学习者对教师的依赖不断降低，与教师互动的同步性增强。

第三，通过fNIRS多人同时脑成像技术探索调节互动的神经机制。将研究三的预期结果作为理论假设，以师生双方的脑间活动同步（INS）为测量指标，从共时和历时两个层面分别考察调节互动能否带来师生双方的脑间活动同步（研究四），师生双方的脑间活动同步是否随调节互动的进行逐步增强（研究五）。

预期结果：①实验组师生双方的脑活动在颞顶联合区、前额上皮层出现脑间活动同步，且显著高于对照组。②实验组师生双方的脑间活动同步随时间进程有显著增强。

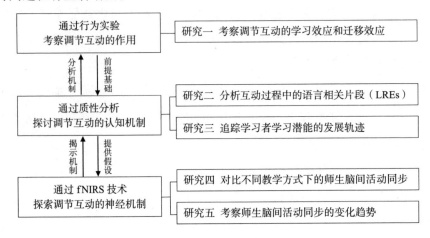

图6-1 研究总体框架

五、结 语

社会文化理论框架下的调节互动强调语言作为调节工具的重要性，为揭示口语习得机制提供新的理论视角。本研究采用fNIRS多脑同时成像技术探索基于调节互动的二语口语习得过程中师生双方的脑间活动同步机制，通过跨学科的研究方法，综合运用语言学、心理学、神经科学的研究方法，从行为层面和神经层面深入考察汉语二语口语能力习得机制。我们希望将脑科学研究方法应用于第二语言习得和教学领域，为教学实践提供实证依据，为在认知神经层面探索第二语言习得机制提供来自认知神经基础和神经生物学的证据，打开语言习得机制的"黑匣子"，不断提高汉语第二语言教学的效率，促进社会文化理论视角下的第二语言习得研究的实证化，促进脑科学、心理学、教育学、第二语言习得、第二语言教学的深度融合。

附　　录

附录1　第二语言动态评价相关研究汇总表（国外期刊）

	时间	作者	题目
1	1994	Aljaafreh, A. & Lantolf, J. P.	Negative feedback as regulation and second language learning in the zone of proximal development.
2	2000	Schneider, E. & Ganschow, L.	Dynamic assessment and instructional strategies for learners who struggle to learn a foreign language.
3	2002	Kozulin, A. & Garb, E.	Dynamic assessment of EFL text comprehension.
4	2004	Lantolf, J. P. & Poehner, M. E.	Dynamic assessment of L2 development: Bringing the past into future.
5	2005	Oskoz, A.	Students' dynamic assessment via online chat.
6	2005	Poehner, M. E.	Dynamic assessment of oral proficiency among advanced L2 learners of French（Unpublished doctoral dissertation）.
7	2005	Poehner, M. E. & Lantolf, J. P.	Dynamic assessment in the language classroom.
8	2007	Leung, C.	Dynamic assessment: Assessment for and as teaching?
9	2007	Poehner, M. E.	Beyond the test: L2 dynamic assessment and the transcendence of mediated learning.
10	2008	Poehner, M. E.	Dynamic Assessment: A Vygotskian approach to understanding and promoting second language development.
11	2009	Antón, M.	Dynamic assessment of advanced second language learners.
12	2009	Hill, K. & Sabet, M.	Dynamic speaking assessments.
13	2009	Poehner, M. E.	Group dynamic assessment: Mediation for the L2 classroom.
14	2010	Poehner, M. E. & Lantolf, J. P	Vygotsky's teaching–assessment dialectic and L2 education: The case for Dynamic Assessment.
15	2011	Ableeva, R. & Lantolf, J.	Mediated dialogue and the microgenesis of second language listening comprehension.
16	2011	Lantolf, J. P. & Poehner, M. E	Dynamic Assessment in the classroom: Vygotskian praxis for L2 development.
17	2011	Pishghadam, R., Barabadi, E. & Kamrood, A. M.	The differing effect of computerized dynamic assessment of L2 reading comprehension on high and low achievers.
18	2011	Poehner, M. E.	Dynamic assessment: Fairness through the prism of mediation.

续　表

	时间	作者	题目
19	2011	Poehner, M. E.	Validity and interaction in the ZPD: Interpreting learner development through L2 dynamic assessment.
20	2011	Poehner, M. E. & Ableeva, R.	Dynamic assessment: From display of knowledge to engagement in the activity of development.
21	2011	Poehner, M. E. & van Compernolle, R. A.	Frames of interaction in Dynamic Assessment: Developmental diagnoses of second language learning.
22	2011	Seikmann, S. & Charles, W	Upingakuneng (when they are ready): Dynamic assessment in a third semester Yugtun class.
23	2012	Levi, T.	The effect of dynamic assessment on the performance of students in oral proficiency tests in English as a foreign language (Unpublished doctoral dissertation).
24	2012	Poehner, M. E.	The zone of proximal development and the genesis of self-assessment.
25	2012	Shabani, K.	Dynamic assessment of L2 learners' reading comprehension processes: A Vygotskian perspective.
26	2012	Shrestha, P. & Coffin, D.	Dynamic assessment, tutor mediation, and academic writing development.
27	2012	Teo, A.	Promoting EFL students' inferential reading skills through computerized dynamic assessment.
28	2012	Van Compernolle, R. A. & Williams, L.	Promoting sociolinguistic competence in the classroom zone of proximal development.
29	2013	Davin, K.	Integration of dynamic assessment and instructional conversations to promote development and improve assessment in the language classroom.
30	2013	Davin, K. & Donato, R.	Student collaboration and teacher-directed classroom dynamic assessment: A complementary pairing.
31	2013	Lantolf, J. P. & Poehner, M. E.	The unfairness of equal treatment: Objectivity in L2 testing and Dynamic Assessment.
32	2013	Poehner, M. E. & Lantolf, J. P.	Bring the ZPD into the equation: Capturing L2 development during computerized dynamic assessment (C-DA).
33	2013	Van Compernolle, R. & Kinginger, C.	Promoting metapragmatic development through assessment in the zone of proximal development.

	时间	作者	题目
34	2014	Darhower, M.	Synchronous computer-mediated dynamic assessment: A case study of L2 Spanish past narration.
35	2014	DaSilva Iddings, A. C.	Understanding the potential in elementary classrooms through dynamic assessment.
36	2014	Davin, K., Troyan, F. & Hellmann, A.	Classroom dynamic assessment of reading comprehension with second language learners.
37	2014	Lantolf, J. P. & Poehner, M. E.	Sociocultural Theory and the pedagogical imperative in L2 education: Vygotskian praxis and the research/practice divide.
38	2014	Van Compernolle, R. A. & Zhang, H.	Dynamic assessment of elicited imitation: A case analysis of an advanced L2 English speaker.
39	2015	Naeini, J.	A comparative study of the effects of two approaches of dynamic assessment on the reading comprehension of Iranian EFL learners.
40	2015	Poehner, M. E. & Infante, P.	Mediated Development as inter-psychological activity for L2 education.
41	2015	Poehner, M. E., Zhang, J. & Lu, X.	Computerized dynamic assessment (C-DA): Diagnosing L2 development according to learner responsiveness to mediation.
42	2015	Rahimi, M., Kushki, A. & Nassaji, H.	Diagnostic and developmental potentials of dynamic assessment for L2 writing.
43	2016	Davin, K.	Classroom dynamic assessment: A critical examination of constructs and practices.
44	2016	Harsch, C. & Poehner, M. E.	Enhancing student experiences abroad: The potential of Dynamic Assessment to develop student interculturality.
45	2016	Infante, P.	Mediated development: Promoting L2 conceptual development through interpsychological activity (Unpublished doctoral dissertation).
46	2016	Lantolf, J. P., Kurtz, L. & Kisselev, O.	Understanding the revolutionary character of L2 development in the ZPD: Why levels of mediation matter.
47	2016	Leontjev, D.	I Can Do It: The impact of computerised adaptive corrective feedback on L2 English learners (Unpublished doctoral dissertation).
48	2016	Zhang, H. & van Compernolle, R. A.	Learning potential and the dynamic assessment of L2 Chinese grammar through elicited imitation.

续 表

	时间	作者	题目
49	2017	Ai, H.	Providing graduated corrective feedback in an intelligent computer-assisted language learning environment.
50	2017	Davin, K. J., Herazo, J. D. & Sagre, A.	Learning to mediate: Teacher appropriation of dynamic assessment.
51	2017	Regalla, M. & Peker, H.	Prompting all students to learn: Examining dynamic assessment of special needs and typical students in a prekindergarten inclusive French program.
52	2017	Yang, Y. & Qian, D. D.	Assessing English reading comprehension by Chinese EFL learners in computerized dynamic assessment.
53	2018	Ableeva, R.	Understanding learner L2 development through reciprocity.
54	2018	Antón, M.	Dynamic diagnosis of second language abilities.
55	2018	Davin, K.	Mediator and learner engagement in co-regulated inter-psychological activity.
56	2018	Kozulin, A. & Levi, T.	EFL learning potential: General or modular?
57	2018	Levi, T. & Poehner, M. E.	Employing dynamic assessment to enhance agency among L2 learners.
58	2018	Mazzotta, M. & Belcher, D.	Social-emotional outcomes of corrective feedback as mediation on second language Japanese writing.
59	2018	McNeil, L.	Understanding and addressing the challenges of learning computer-mediated Dynamic Assessment: A teacher education study.
60	2018	Poehner, M. E.	Probing and provoking L2 development: The object of mediation in Dynamic Assessment and Mediated Development.
61	2018	Poehner, M. E., Infante, P. & Takamiya, Y.	Mediation processes in support of learner L2 writing development: Individual, peer, and group contexts.
62	2018	Poehner, M. E. & Leontjev, D.	To correct or to cooperate: Mediational processes and L2 development.
63	2018	Poehner, M. E. & Van Compernolle, R. A.	Interaction, change, and the role of the historical in validation: The case of L2 dynamic assessment.
64	2018	Qin, T.	Computerized Dynamic Assessment of L2 Chinese implicature comprehension (Unpublished doctoral dissertation).
65	2019	Davin, K. & Gómez-Pereira, D.	Evaluating instruction through classroom dynamic assessment: A sandwich approach.

	时间	作者	题目
66	2019	García, P. N.	Dynamic assessment：Promoting in-service teachers' conceptual development and pedagogical beliefs in the L2 classroom.
67	2019	Herazo, J. D., Davin, K. J. & Sagre, A.	L2 dynamic assessment：An activity theory perspective.
68	2019	Infante, P. & Poehner, M. E.	Realizing the ZPD in second language education：The complementary contributions of dynamic assessment and mediated development.
69	2019	Zhang, J. & Lu, X.	Measuring and supporting second language development using computerized dynamic assessment.
70	2019	Poehner, M. E., Qin, T. & Yu, L.	Dynamic Assessment：Co-constructing the Future with English Language Learners.
71	2020	Andujar, A.	Mobile-mediated dynamic assessment：A new perspective for second language development.
72	2020	Davin, K. J. & Herazo, J. D.	Reconceptualizing classroom dynamic assessment：Lessons from teacher practice.
73	2020	Poehner, M. E. & Van Compernolle, R. A.	Reconsidering time and process in L2 Dynamic Assessment.
74	2020	Rassaei, E.	Effects of mobile-mediated dynamic and nondynamic glosses on L2 vocabulary learning：A sociocultural perspective.
75	2020	Yang, Y. & Qian, D. D.	Promoting L2 English learners' reading proficiency through computerized dynamic assessment.
76	2021	Poehner, M. E. & Wang, Z.	Dynamic Assessment and second language development.
77	2021	Poehner, M. E. & Yu, L.	Dynamic Assessment of L2 writing：Exploring the potential of rubrics as mediation in diagnosing learner emerging abilities.

附录2　第二语言动态评价相关研究汇总表（国内期刊）

	时间	作者	题目
1	2004	彭金定	大学英语课堂教学动态评估
2	2008	张艳红	大学英语网络写作教学的动态评估模式研究
3	2009	韩宝成	动态评价理论、模式及其在外语教育中的应用
4	2010	张艳红	大学英语写作教学的动态评价体系建构
5	2011	张丽锦、张莉	以色列的中介学习经验理论及其应用

续　表

	时间	作者	题目
6	2012	张艳红	大学英语写作教学的动态评价研究
7	2013	孔文、方洁	另类评估的新发展：动态评估面面观
8	2014	陈玢	干预式动态评价对学困生英语口语能力影响的个案研究
9	2015	李丹弟	基于动态评价理论的英语语言学课程评价模式研究
10	2017	刘森、武尊民	国外语言动态评价的最新研究
11	2018	高思畅、王建勤	动态评估——语言能力评估的新思路
12	2021	贾琳、王建勤	调节互动对汉语二语学习者学习潜能发展的作用
13	2021	孙志君、许芃、王建勤	汉语作为第二语言动态评估学习潜能分数定量分析研究
14	2021	滕一	动态评估理论在线上汉语教学中的应用研究
15	2022	耿雪、孟亚茹、杜文博	计算机动态评估的二语发展嬗变和研究框架

附录3　实验一感知测试音节表

shǐ	tú	xū	bǎ	lú	gé	shē	dǔ
fá	jǐ	bà	zhě	fǎ	jí	zhǐ	dà
dú	cǐ	gě	shū	shé	cí	shí	pō
xú	dū	cì	fā	bó	shì	dǐ	zhí
qì	qǐ	pū	shǐ	lǔ	tù	pú	zhē
shè	dí	bā	pǔ	zhè	zhé	pó	bò
zhǐ	pǒ	dǐ	shù	jǐ	lù	fà	xù
qí	dì	cǐ	lū	gè	shú	bō	xǔ
shě	zhì	jì	pò	shǔ	gē	qǐ	dā
pù	dù	dá	bǒ	dǎ	tū	bá	tǔ

附录4　实验一训练音节表

shuō	fāng	guān	qīng	gēng	guāng	jiū	bīng
xiāo	shuāi	sōng	gōng	xīng	bāo	zhōu	shōu
zēng	dēng	kāng	dāi	xīn	jiān	xiāng	dōng
shuāng	shāng	xiān	chuān	chuāng	chūn	zhuó	chéng

nán	péng	mín	tiáo	chuán	pái	liáo	xià
cún	táng	hán	mái	cáng	lái	guó	wéi
nián	tóng	nín	tán	qiáng	téng	nóng	pang
yún	cháo	céng	xián	yǒu	xiǎng	měi	zuǒ
qǐng	shǒu	yuǎn	jiǎ	fǒu	liǎng	kǎo	suǒ
chǎng	shuǐ	pǎo	qiě	guǎng	zuǐ	zhěng	fǎng
duǎn	rǎn	shěng	dǒu	lǎng	jiǎn	gǎo	tǎng
kǒng	zǒng	zuì	què	duàn	chàng	zhàng	lǐng
lèng	shàng	dòng	guò	yàng	dài	jìn	wèn
yòu	zhèng	ràng	liàng	fàng	sòng	cuò	xìng
jià	mào	gòng	zhèn	dùn	quàn	luàn	zhòng

附录5　实验二启动实验音节表

bā	bá	bǎ	bà	pā	pá	pǎ	pà
dā	dá	dǎ	dà	tā	tá	tǎ	tà

附录6　实验二无关启动条件下的启动刺激

图片1　　　　　　　图片2　　　　　　　图片3　　　　　　　图片4

附录7　实验二的实验材料

		启动刺激	目标刺激
练习阶段	无关启动	图片1	bā
		图片2	pá
		图片3	dǎ
		图片4	tà
	语音启动（一致）	bā	bā
		pá	pá
		dǎ	dǎ
		tà	tà
	语音启动（不一致）	bā	bá
		pá	pà
		dǎ	dā
		tà	tǎ
	手势启动（一致）	一声的手势	bā
		二声的手势	pá
		三声的手势	dǎ
		四声的手势	tà
	手势启动（不一致）	一声的手势	bá
		二声的手势	pà
		三声的手势	dā
		四声的手势	tǎ
实验阶段	无关启动	图片1	bā
		图片2	bá
		图片3	bǎ
		图片4	bà
		图片1	pā
		图片2	pá
		图片3	pǎ
		图片4	pà
		图片1	dā
		图片2	dá

		启动刺激	目标刺激
实验阶段		图片3	dǎ
		图片4	dà
		图片1	tā
		图片2	tá
		图片3	tǎ
		图片4	tà
	语音启动（一致）	bā	bā
		bá	bá
		bǎ	bǎ
		bà	bà
		pā	pā
		pá	pá
		pǎ	pǎ
		pà	pà
		dā	dā
		dá	dá
		dǎ	dǎ
		dà	dà
		tā	tā
		tá	tá
		tǎ	tǎ
		tà	tà
	语音启动（不一致）	bā	bá
		bá	bà
		bǎ	bā
		bà	bǎ
		pā	pá
		pá	pà
		pǎ	pā
		pà	pǎ

续　表

		启动刺激	目标刺激
实验阶段		dā	dá
		dá	dà
		dǎ	dā
		dà	dǎ
		tā	tá
		tá	tà
		tǎ	tā
		tà	tǎ
	手势启动（一致）	一声的手势	bā
		二声的手势	bá
		三声的手势	bǎ
		四声的手势	bà
		一声的手势	pā
		二声的手势	pá
		三声的手势	pǎ
		四声的手势	pà
		一声的手势	dā
		二声的手势	dá
		三声的手势	dǎ
		四声的手势	dà
		一声的手势	tā
		二声的手势	tá
		三声的手势	tǎ
		四声的手势	tà
	手势启动（不一致）	一声的手势	bá
		二声的手势	bà
		三声的手势	bā
		四声的手势	bǎ
		一声的手势	pá
		二声的手势	pà

		启动刺激	目标刺激
实验阶段		三声的手势	pā
		四声的手势	pǎ
		一声的手势	dá
		二声的手势	dà
		三声的手势	dā
		四声的手势	dǎ
		一声的手势	tá
		二声的手势	tà
		三声的手势	tā
		四声的手势	tǎ

附录8　实验二的指导语和结语

总指导语

Welcome to the experiment!

This experiment includes three sessions.

Each session contains two parts: practice and formal test.

Press "Enter" to continue.

无关启动环节的指导语

练习阶段：

You will see a fixation "+" followed by a picture.

Then you'll see a mask "*****". After that, you'll hear a syllable.

Press "1" if the syllable is the first tone.

Press "2" if the syllable is the second tone.

Press "3" if the syllable is the third tone.

Press "4" if the syllable is the fourth tone.

Please give your answer as soon as possible.

Press "Enter" to practice.

实验阶段：

This is the end of the practice part.

Let's go to the formal test.

Press "Enter" to continue.

语音启动环节的指导语

练习阶段：

You will see a fixation "+" followed by a spoken syllable.

Then you'll see a mask "*****" . After that, you'll hear a syllable.

Press "1" if the second syllable is the first tone.

Press "2" if the second syllable is the second tone.

Press "3" if the second syllable is the third tone.

Press "4" if the second syllable is the fourth tone.

Please give your answer as soon as possible.

Press "Enter" to practice.

实验阶段：

This is the end of the practice part.

Let's go to the formal test.

Press "Enter" to continue.

手势启动环节的指导语

练习阶段：

You will see a fixation "+" followed by a video.

Then you'll see a mask "*****" . After that, you'll hear a syllable.

Press "1" if the syllable is the first tone.

Press "2" if the syllable is the second tone.

Press "3" if the syllable is the third tone.

Press "4" if the syllable is the fourth tone.

Please give your answer as soon as possible.

Press "Enter" to practice.

实验阶段：

This is the end of the practice part.

Let's go to the formal test.

Press "Enter" to continue.

结语

Thank you for your participant!

Goodbye!

附录9　实验三产出测试音节表

pù	zhé	bó	lǔ	fā	tǔ	dù	lù
dū	xú	shé	fá	cǐ	gě	zhǐ	xǔ
dǐ	tù	shē	tū	zhǐ	cǐ	pú	pō
pū	pǔ	bá	xù	dǐ	dì	shù	bà
bò	fà	bō	zhè	jǐ	dā	xū	dí
jǐ	qǐ	shě	bā	gē	lū	dú	shè
pó	zhí	shǔ	dǎ	cí	dǔ	zhì	gè
zhě	zhē	shú	jí	qí	tú	pò	gé
lú	bǎ	jì	shǐ	fǎ	shí	qǐ	cì
pǒ	dà	dá	shì	bǒ	qì	shū	shǐ

附录10　本书所使用的语料转写符号

[	表示两个或两个以上的人同时说话时的重叠起始点

?	表示升调，不同于问号
,	表示语调小幅度的上升
。	表示降调，不同于句号
!	表示感叹语气
—	表示突然中断
(.)	表示0.2秒以内的瞬时停顿
…	表示大于0.2秒的停顿或沉默
(xxxx)	注释性话语
> … <	表示语速较快的话语
°°	低的声音
°°°°	更为小声的低语
: : : : :	表示语音的延长，每增加一个冒号表示多延长一拍

参考文献

[1] 陈默，王建勤.非汉语母语者汉语单字调声调意识初期发展的实验研究
[J].南开语言学刊，2008（2）：63-70.

[2] 陈玢.干预式动态评价对学困生英语口语能力影响的个案研究[D].湖北：
华中师范大学，2014.

[3] 陈宏.第二语言能力结构研究回顾[J].世界汉语教学，1996（2）：46-52.

[4] 陈开顺.从认知角度重新探讨语言能力的构成与表征[J].外语研究，2002
（3）：16-21.

[5] 种一凡.互动式动态评估应用于汉语口语教学口试初探[J].语言教学与研
究，2018（6）:24-35.

[6] 丁存越.基于实践社区的汉语第二课堂语用习得教学模型[J].语言教学与
研究，2015（6）:19-26.

[7] 樊梦婕.汉语第二语言学习者基于概念调节的口语技能习得研究[D].北
京：北京语言大学，2016.

[8] 付佩宣，王建勤.自我语言调控对二语学习者口语流利度发展的影响[J].
华文教学与研究，2017（3）:11-19.

[9] 高思畅，王建勤.动态评估——语言能力评估的新思路[J].华文教学与研
究，2018（2）：1-12.

[10] 高小丽.外国留学生汉语语音意识发展研究[D].北京：北京语言文化大
学，2001.

[11] 耿雪，孟亚茹，杜文博.计算机动态评估的二语发展嬗变和研究框架[J].
2022，45（1）：126-136.

[12] 顾曰国.多媒体、多模态学习剖析[J].外语电化教学，2007，2（2）：3-12.

[13] 韩宝成.动态评价理论、模式及其在外语教育中的应用[J].外语教学与研
究，2009（6）：452-458.

[14] 胡伟杰.第二语言学习者口语认知流利性和口语认知能力发展研究[D].北京：北京语言大学，2014.

[15] 黄欢.系统—理论教学环境下的汉语学习者口语知识和技能习得的研究[D].北京：北京语言大学，2018.

[16] 黄昭鸣，籍静媛.实时反馈技术在言语矫治中的应用[J].中国听力语言康复科学杂志，2004（6）：35–38.

[17] 贾琳，王建勤.视觉加工对英语母语者汉语声调感知的影响[J].世界汉语教学，2013，27（4）：548–557.

[18] 贾琳，王建勤.视觉加工对英语母语者汉语声调产出的影响[J].华文教学与研究，2013，52（4）：30–34.

[19] 贾琳，王建勤.调节互动对汉语二语学习者学习潜能发展的作用[J].云南师范大学学报（对外汉语教学与研究版），2021，19（3）：63–70.

[20] 姜晓.课堂"支架"构建对短期语言习得的效用分析[J].云南师范大学学报（对外汉语教学与研究版），2016，14（1）：20–25.

[21] 蒋荣.基于社会文化理论的互动与第二语言学习者词汇习得效应的研究[D].北京：北京语言大学，2009.

[22] 蒋荣.调控理论视角下汉语学习者词汇习得的认知机制研究[J].语言教学与研究，2013（1）：9–15.

[23] 孔江平.普通话语音多模态研究与多媒体教学[A].第四届全国普通话培训测试学术研讨会论文集[C].北京：语文出版社，2010.

[24] 孔文，方洁.另类评估的新发展：动态评估面面观[J].解放军外国语学院学报，2013（1）：57–61.

[25] 李丹弟.基于动态评价理论的英语语言学课程评价模式研究[J].外语界，2015（6）：19–25.

[26] 李丹丽.二语课堂互动话语中教师"支架"的构建[J].外语教学与研究，2012，44（4）：572–584.

[27] 李丹丽.二语协作任务中同伴支架对语言输出的影响[J].中国外语，

2014，11（1）：43-50.

[28] 李荣宝，张家秀，李艳铃，陈素梅.语音辨析训练对方言儿童语音意识和阅读能力发展的作用[J].心理科学，2008，31（2）：369-374.

[29] 李先春.超扫描技术与社会认知[M].上海：华东师范大学出版社，2018.

[30] 刘虹.会话结构分析[M].北京：北京大学出版社，2004.

[31] 刘森，武尊民.国外语言动态评价的最新研究[J].现代外语，2017，40（6）：837-847.

[32] 刘珣.对外汉语教育学引论[M].北京：北京语言大学出版社，2000.

[33] 彭金定.大学英语课堂教学动态评估[J].外语界，2004（3）：26-31.

[34] 秦丽莉.二语习得社会文化理论概论[M].北京：北京大学出版社，2017.

[35] 邵良红.初级汉语水平外国留学生汉语语音意识横向发展研究[D].广州：暨南大学，2007.

[36] 史有为.语音学习机制和语音教学原则[J].语言教学与研究，1989（2）：33-48.

[37] 孙志君，许芃，王建勤.汉语作为第二语言动态评估学习潜能分数定量分析研究[J].华文教学与研究，2021（2）：32-41.

[38] 谭秋瑜.视觉反馈对外国留学生单声调习得影响的实验研究[D].北京：北京语言大学，2006.

[39] 陶沙.语音加工技能在汉语为母语个体英语学习中的作用[J].北京师范大学学报（社会科学版），2004（3）：38-45.

[40] 滕一.动态评估理论在线上汉语教学中的应用研究[D].桂林：广西师范大学，2021.

[41] 田靓.留学生汉语语音意识发展及其与语音记忆的关系[D].北京：北京语言文化大学，2003.

[42] 王佶旻.语言测试概论[M].北京：北京语言大学出版社，2011.

[43] 王建勤.第二语言习得研究[M].北京：商务印书馆，2009.

[44] 王建勤.对外汉语语法教学的认知视角[A].汉语应用教学研究[C].北京：

商务印书馆，2016.

[45] 王建勤.基于调节学习体验的汉语口语教学模式研究[R].研究报告，2018.

[46] 王建勤.语言调节与第二语言学习者语言能力发展研究[A].王建勤语言习得、教学与传播文集[C].北京：北京语言大学出版社，2019.

[47] 魏惠琳.美国华裔汉语学习者的语言社会化研究——以请求策略为例[D].北京：北京语言大学，2012.

[48] 魏梅.系统—理论教学与动态评价述评[J].天津外国语大学学报，2011（2）：42-48.

[49] 魏岩军，王建勤，贾琳.第二语言学习者"自我言语"功能研究[A].汉语应用语言学研究第3辑[C].北京：商务印书馆，2014.

[50] 文秋芳.评析"概念型教学法"的理论与实践[J].外语教学理论与实践，2013（2）：1-11.

[51] 闻亭.汉语第二语言学习者间接言语行为的语言社会化研究[D].北京：北京语言大学，2013.

[52] 吴柳，王建勤.工具强化在活动调节中对学习者口语表达的影响[J].汉语学习，2021（1）:96-103.

[53] 吴柳，王建勤.超越调节对汉语学习者口语技能发展的影响[J].天津师范大学学报:社会科学版，2021（5）:30-35.

[54] 郗佼.社会文化理论与二语习得研究——理论、方法与实践[J].外语界，2020（2）：90-96.

[55] 谢小庆.汉语水平考试发展的新方向——计算机辅助自适应性汉语水平考试系统简介[A].谢小庆教育测量学论文集[C].北京：北京语言大学出版社，2012.

[56] 徐锦芬.二语学习同伴互动研究[M].北京：外语教学与研究出版社，2020.

[57] 徐锦芬，雷鹏飞.社会文化视角下的外语课堂研究[J].现代外语，2018

（4）：563–573.

[58] 徐式婧.语言能力研究成果浅析[J].语文学刊（高等教育版），2009（4）：21–23.

[59] 姚玉红.西方语音意识研究及其对我国教育的启示[J].宁波大学学报（教育科学版），2001（4）：9–12.

[60] 喻江.声调教学新教案[J].语言教学与研究，2007（1）：77–81.

[61] 张拱贵.声调教学和表声读[J].世界汉语教学，1988（1）：25–29.

[62] 张华华，程莹.计算机化自适应测验（CAT）的发展和前景展望[J].考试研究，2005（1）：12–24.

[63] 张凯.语言能力模型和语言能力测验[A].第四届国际汉语教学讨论会论文选[C].北京：北京语言学院出版社，1993.

[64] 张丽锦，张莉.以色列的中介学习经验理论及其应用[J].外国教育研究，2011（6）：18–24.

[65] 张林军.知觉训练在第二语言语音习得中的作用——兼论对外汉语的语音习得和教学研究[J].云南师范大学学报（对外汉语教学与研究版），2010（1）：8–12.

[66] 张林军.美国留学生汉语声调的音位和声学信息加工[J].世界汉语教学，2011（2）：268–275.

[67] 张艳红.大学英语网络写作教学的动态评估模式研究[J].外语界，2008（4）：73–81.

[68] 张艳红.大学英语写作教学的动态评价体系建构[J].解放军外国语学院学报，2010（1）：46–50.

[69] 张艳红.大学英语写作教学的动态评价研究[D].上海：上海外国语大学，2012.

[70] 赵金铭.汉语作为第二语言教学：理念与模式[J].世界汉语教学，2008（1）：93–107.

[71] 郑才华.知觉训练对英语母语者汉语声调感知的影响[D].北京：北京语

言大学，2011.

[72] 周丹丹.应用语言学中的微变化研究方法[M].北京：外语教学与研究出版社，2012.

[73] 朱永生.多模态话语分析的理论基础与研究方法[J].外语学刊，2007（5）：82–86.

[74] Ableeva, R. Understanding learner L2 development through reciprocity [A]. In J. Lantolf, M. Poehner, and M. Swain（Eds.）, The Routledge handbook of sociocultural theory and second language development [C]. New York, NY: Routledge, 2018: 266–281.

[75] Ableeva, R. and Lantolf, J. Mediated dialogue and the microgenesis of second language listening comprehension [J]. Assessment in Education: Principles, Policy & Practice, 2011: 18（2）, 133–149.

[76] Ai, H. Providing graduated corrective feedback in an intelligent computer-assisted language learning environment [J]. ReCALL, 2017: 29（3）, 313–334.

[77] Aljaafreh, A. Negative Feedback in Second Language Learning and the Zone of Proximal Development [D]. University of Delaware, Newark, DE, 1992.

[78] Aljaafreh, A. and Lantolf, J. P. Negative feedback as regulation and second language learning in the zone of proximal development [J]. The Modern Language Journal, 1994: 78（4）, 465–483.

[79] Andujar, A. Mobile-mediated dynamic assessment: A new perspective for second language development [J]. ReCALL, 2020: 32（2）, 178–194.

[80] Antón, M. The discourse of a learner-centered classroom: Sociocultural perspectives on teacher-learner interaction in the second language classroom [J]. The Modern Language Journal, 1999: 83（3）, 303–318.

[81] Antón, M. Dynamic Assessment of Advanced Foreign Language Learners

[R]. Paper presented at the American Association of Applied Linguistics, Washington, D.C., 2003 (3).

[82] Antón, M. Dynamic assessment of advanced second language learners [J]. Foreign Language Annals, 2009: 42 (3), 576–598.

[83] Antón, M. Dynamic diagnosis of second language abilities [A]. In J. Lantolf, M. Poehner, and M. Swain (Eds.), The Routledge handbook of sociocultural theory and second language development [C]. New York, NY: Routledge, 2018: 310–323.

[84] Arievitch, I. M. and Stetsenko, A. The quality of cultural tools and cognitive development: Gal' perin's perspective and its implications [J]. Human Development, 2000: 43 (2), 69–92.

[85] Bachman, L. F. Fundamental Considerations in Language Testing [M]. Oxford: Oxford University Press, 1990.

[86] Baddeley, A. D. and Hitch, G. J. L. Working Memory [A]. In G. A. Bower (Ed.), The Psychology of Learning and Motivation: Advances in Research and Theory [C]. New York: Academic Press, 1974: 47–89.

[87] Beus, E. A Concept-Based Approach to Teaching Spanish Mood [D]. Arizona State University, 2013.

[88] Block, D. The Social Turn in Second Language Acquisition [M]. Beijing: World Publishing Corporation, 2003.

[89] Brown, A. and Ferrara, R. A. Diagnosing zones of proximal development [A]. In J.V. Wertsch (Ed.) Culture, Communication and Cognition: Vygotskian Perspectives [C]. Cambridge: Cambridge University Press, 1985: 273–305.

[90] Bruner, J. Jerome S. Bruner [A]. In A history of psychology in autobiography Vol. VII. [C]. New York: WH Freeman & Co, 1980: 75–151.

[91] Büchel, F. P. and Scharnhorst, U. The learning potential assessment device

（LPAD）: Discussion of theoretical and methodological problems [M]. London: Taylor & Francis, 2020: 83–111.

[92] Budoff, M. and Friedman, M. "Learning potential" as an assessment approach to the adolescent mentally retarded [J]. *Journal of Consulting Psychology*, 1964（28）, 434–439.

[93] Budoff, M. Learning potential as a supplementary testing procedure [A]. In J. Hellmuth（Ed.）, Learning disorders [C]. 1968 Vol. 3. Seattle, WA: Special Child.

[94] Budoff, M. The validity of learning potential assessment [A]. In C. S. Lidz（Ed.）, Dynamic assessment: An interactional approach to evaluating learning potential [C]. New York: Guilford Press, 1987: 53–81.

[95] Campione, J. C., Brown, A. L., Ferrara, R. A. et al. The zone of proximal development: Implications for individual differences and learning [A]. In B. Rogoff and J. V. Wertsch（Eds.）, Children's learning in the 'Zone of Proximal Development' [C]. San Francisco: Jossey-Bass, 1984: 77–91.

[96] Carpay, J. A. M. Foreign-Language Teaching and Meaningful Learning: A Soviet Russian Point of View. ITL Review of Applied linguistics [M]. Belgium: Leuven, 1974.

[97] Centeno-Cortés, B. Private speech in the second language classroom: Its role in internalization and its link to social production [D]. Pennsylvania State University, 2003.

[98] Centeno-Cortés, B. and Jiménez, A. F. Problem-solving tasks in a foreign language: The importance of the L1 in private verbal thinking [J]. International Journal of Applied Linguistics, 2004（14）: 7–35.

[99] Chen, T. H. and Massaro, D.W. Seeing pitch: Visual information for lexical tones of Mandarin-Chinese [J]. The Journal of the Acoustical Society of America, 2008（123）: 2356–2366.

[100] Corman, L. and M. Budoff. A comparison of group and individual training procedures on the Raven Learning Potential Measure [M]. RIE Print # 56 Cambridge, MA: Research Institute for Educational Problems, 1973.

[101] Darhower, M. Synchronous computer-mediated dynamic assessment: A case study of L2 Spanish past narration [J]. CALICO Journal, 2014, 31 (2): 221–243.

[102] DaSilva Iddings, A. C. Understanding the potential in elementary classrooms through dynamic assessment [J]. Language and Sociocultural Theory, 2014, 1 (1): 49–73.

[103] Davin, K. and Donato, R. Student collaboration and teacher-directed classroom dynamic assessment: A complementary pairing [J]. Foreign Language Annals, 2013, 46 (1): 5–22.

[104] Davin, K. Integration of dynamic assessment and instructional conversations to promote development and improve assessment in the language classroom [J]. Language Teaching Research, 2013, 17 (3): 303–322.

[105] Davin, K. Classroom dynamic assessment: A critical examination of constructs and practices [J]. Modern Language Journal, 2016, 100 (4): 813–829.

[106] Davin, K. Mediator and learner engagement in co-regulated inter-psychological activity [A]. In J. Lantolf, M. Poehner, and M. Swain (Eds.), The Routledge handbook of sociocultural theory and second language development [C]. New York, NY: Routledge, 2018: 282–294.

[107] Davin, K. J. and Herazo, J. D. Reconceptualizing classroom dynamic assessment: Lessons from teacher practice [A]. In M. E. Poehner and O. Inbar-Lourie (Eds.), Toward a reconceptualization of L2 classroom assessment: Praxis and research-teacher partnership [C]. Berlin, Germany:

Springer，2020.

[108] Davin，K. J.，Herazo，J. D. and Sagre，A. Learning to mediate: Teacher appropriation of dynamic assessment [J]. Language Teaching Research，2017，21（5）: 632–651.

[109] Davin，K.，and Gómez-Pereira，D. Evaluating instruction through classroom dynamic assessment: A sandwich approach [J]. Language and Sociocultural Theory，2019，6（1）: 6–31.

[110] Davin，K.，Troyan，F. and Hellmann，A. Classroom dynamic assessment of reading comprehension with second language learners [J]. Language and Sociocultural Theory，2014，1（1）: 1–23.

[111] Diaz，R. M. Methodological concerns in the study of private speech [A]. In Diaz，R. M.，and Berk，L. E.（Eds.）Private speech: From social interaction to self-regulation [C]. Hillsdale，NJ: Erlbaum，1992: 55–81.

[112] DiCamilla，F. J. and Antón，M. Private speech: A study of language for thought in the collaborative interaction of language learners [J]. International Journal of Cognitive Education and Mediated Learning，2004（14）: 36–69.

[113] Dikker，S.，Wan，L.，Davidesco，I.，et al. Brain-to-brain synchrony tracks real-world dynamic group interactions in the classroom [J]. Current Biology，2017，27（9）: 1375–1380.

[114] Donato，R. Collective scaffolding in second language learning [A]. In Vygostkian approaches to second language research. J. P. Lantolf and G. Appel（eds.）[C]. New Jersey: Ablex.Donato，1994.

[115] Donato，R. Sociocultural contributions to understanding the foreign and second language classroom [A]. In Sociocultural theory and second language learning. J. P. Lantolf（Ed.）[C]. Oxford: Oxford University Press，2000.

[116] Ehri, L. C., Deffner, N. D. and Wilce, L. S. Pictorial mnemonics for phonics [J]. Journal of Educational Psychology, 1984(76): 880–893.

[117] Elkonin, D. Epilogue [A]. In The Collected Works of L. S. Vygotsky. Vol. 5. Child Psychology. R. W. Rieber(Ed.)with a prologue by C. Ratner [C]. New York: Plenum, 1998.

[118] Ellis, R., Loewen, S. and Erlam, R. Implicit and explicit corrective feedback and the acquisition of L2 grammar [J]. Studies in Second Language Acquisition, 2006, 28(28): 339–368.

[119] Erlam, R., Ellis, R. and Batstone, R. Oral corrective feedback on L2 writing: two approaches compared [J]. System, 2013, 41(2): 257–268.

[120] Feuerstein, R. The modifying environment and other environmental perspectives in group care [J]. Residential Treatment for Children and Youth, 1991, 8(8): 21–37.

[121] Feuerstein, R. and Jensen, M. R. Instrumental enrichment: Theoretical basis, goals, and instruments [J]. Educational Forum, 1980, 44 (4): 401–423.

[122] Feuerstein, R., L. Falik, Y. R. and R.S. Feuerstein. Dynamic Assessment of Cognitive Modifiability [M]. Jerusalem: ICELP, 2003.

[123] Feuerstein, R., Rand, Y. and Hoffman M. Dynamic Assessment of the Retarded Performer [M]. Baltimore, MD: University Park Press, 1979.

[124] Feuerstein, R., Rand, Y. and Rynders, J. E. Don't accept me as I am: Helping "retarded" people to excel [M]. New York: Plenum, 1988.

[125] Fogel, A. Developing through relationships: Origins of communication, self, and culture [M]. Chicago, IL: University of Chicago Press, 1991.

[126] Frawley, W. and Lantolf, J. P. Second language discourse: A Vygotskian perspective [J]. Applied Linguistics, 1985 (6) : 19–44.

[127] Funane, T., Kiguchi, M., Atsumori, H., et al. Synchronous activity

of two people's prefrontal cortices during a cooperative task measured by simultaneous near-infrared spectroscopy [J]. Journal of Biomedical Optics, 2011, 16(7): 1–10.

[128] Furrow, D. R. Developmental trends in the differentiation of social and private speech [A]. In Diaz, R. M., and Berk, L. E. (Eds.) Private speech: From social interaction to self-regulation [C]. Hillsdale, NJ: Erlbaum, 1992: 143–158.

[129] Gallimore, R. and Tharp, R. G. Teaching mind in society: Teaching, schooling, and literate discourse [A]. In Vygotsky and education: Instructional implications and applications of sociohistorical psychology. L. C. Moll(Ed.)[C]. Cambridge: Cambridge University Press, 1990.

[130] Gal'perin, P. Y. The role of orientation in thought [J]. Soviet Psychology, 1979, 18(2): 84–99.

[131] Gandour, J. and Harshman, R. A. Cross language differences in tone perception: A multidimensional scaling investigation [J]. Language and speech, 1978(21): 1–33.

[132] García, P. N. Dynamic assessment: Promoting in-service teachers' conceptual development and pedagogical beliefs in the L2 classroom [J]. Language and Sociocultural Theory, 2019, 6(1): 32–62.

[133] Gass, S. M. and Machey, A. Stimulated recall methodology in second language research [M]. Malwah, NJ: Erlbaum, 2000.

[134] Gibbons, P. Mediating language learning: Teacher interactions with ESL students in a content-based classroom [J]. Tesol Quarterly, 2003, 37(2): 247–273.

[135] Goh, C. C. M. A cognitive perspective on language learners' listening comprehension problems [J]. System, 2000(28): 55–75.

[136] Gould S. The Mismeasure of Man [M]. New York: W. W. Norton, 1996.

[137] Güthke J. and J. Beckmann. The learning test concept and its applications in practice [A]. In C. Lidz & J. Elliott(Eds.). Dynamic Assessment: Prevailing Models and Applications [C]. Amsterdam: Elsevier, 2000.

[138] Güthke, J. The Learning Test Concept—An alternative to the traditional static intelligence test [J]. The German Journal of Psychology, 1982, 6 (4): 306-324.

[139] Güthke, J., Heinrich, A. and Caruso, M. The diagnostic program of "syntactical rule and vocabulary acquisition" —A contribution to the psychodiagnosis of foreign language learning ability [A]. In Human memory and cognitive capabilities: Mechanisms and performances. F. Klix and H. Hagendorf (Eds.)[C]. Amsterdam: Elsevier, 1986.

[140] Hall, J. Methods for teaching foreign languages: Creating a community of learners in the classroom [M]. Upper Saddle River, NJ: Prentice-Hall, Inc, 2001.

[141] Hardison, D. M. Bimodal speech perception by native and nonnative speakers of English: Factors influencing the McGurk effect [J]. Language Learning, 1999, 49(Suppl.1): 213-283.

[142] Hardison, D. M. Acquisition of second-language speech: Effects of visual cues, context, and talker variability [J]. Applied Psycholinguistics, 2003 (24): 495-522.

[143] Hardison, D. M. Generalization of computer-assisted prosody training: Quantitative and qualitative findings [J]. Language Learning & Technology, 2004(8): 34-52.

[144] Harsch, C. and Poehner, M. E. Enhancing student experiences abroad: The potential of Dynamic Assessment to develop student interculturality [J]. Language and Intercultural Communication, 2016, 16(3): 470-490.

[145] Hattori, T. A study of nonverbal intercultural communication between

Japanese and Americans-focusing on the use of the eyes [J]. Japan Association of Language Teachers, 1987（8）: 109–118.

[146] Haywood, H. C. and Lidz, C. S. Dynamic assessment in practice: Clinical and educational applications [M]. New York: Cambridge University Press, 2007.

[147] Hazen, V., Sennema, A., Iba, M., et al. Effect of audiovisual perceptual training on the perception and production of consonants by Japanese learners of English [J]. Speech Communication, 2005（47）: 360–378.

[148] Herazo, J. D., Davin, K. J. and Sagre, A. L2 dynamic assessment: An activity theory perspective [J]. Modern Language Journal, 2019, 103（2）: 443–458.

[149] Hill, K. and Sabet, M. Dynamic speaking assessments [J]. TESOL Quarterly, 2009, 43（3）: 537–545.

[150] Holper, L., Scholkmann, F. and Wolf, M. Between-brain connectivity during imitation measured by fNIRS [J]. NeuroImage, 2012, 63（1）: 212–222.

[151] Holper, L., Goldin, A. P., Shalom, D. E., et al.. The teaching and the learning brain: A cortical hemodynamic marker of teacher-student interactions in the Socratic dialog [J]. International Journal of Educational Research, 2013（59）: 1–10.

[152] Hughes, A. Testing for Language Teachers [M]. Cambridge: Cambridge University Press, 1989.

[153] Hymes, D. On communicative competence [A]. In Pride, J. B. and Holmes, J.（Eds.）Sociolinguistics: Selected Readings [C]. Harmondsworth: Penguin Books, 1972.

[154] Infante, P. Mediated development: Promoting L2 conceptual development through interpsychological activity [D]. The Pennsylvania State

University, University Park, PA, 2016.

[155] Infante, P. and Poehner, M. E. Realizing the ZPD in second language education: The complementary contributions of dynamic assessment and mediated development [J]. Language and Sociocultural Theory, 2019, 6 (1): 63–91.

[156] Jacobs, E.L. The Effects of adding dynamic assessment components to a computerized preschool language screening test [J]. Communication Disorders Quarterly, 2001, 22 (4): 217–226.

[157] Karpov, Y. V. and Gindis, B. Dynamic assessment of the level of internalization of elementary school children's problem-solving activity [A]. In Dynamic Assessment: prevailing models and applications. C. S. Lidz and J. G. Elliott (Eds.) [C]. Amsterdam: Elsevier, 2000.

[158] Green, K. P. and Miller, J. L. On the role of visual rate information in phonetic perception [J]. Perception & psychophysics, 1985, 38 (3): 269–276.

[159] Kozulin, A. and Gindis, B. Sociocultural theory and education of children with special needs: From defectology to remedial pedagogy [A]. In H. Daniels, M. Cole, and J. V. Wertsch (Eds.), The Cambridge companion to Vygotsky [C]. Cambridge: Cambridge University Press, 2007: 332–361.

[160] Kozulin, A. Psychological tools: A sociocultural approach to education [M]. Cambridge, MA: Harvard University Press, 1998.

[161] Kozulin, A. and Garb, E. Dynamic assessment of EFL text comprehension [J]. School Psychology International, 2002, 23 (1): 112–127.

[162] Kozulin, A. and Levi, T. EFL learning potential: General or modular? [J]. Journal of Cognitive Education and Psychology, 2018, 17 (1): 16–27.

[163] Krashen, S. D. The input hypothesis: Issues and implications [M]. London: Longman, 1985.

[164] Lai, W. Concept-based foreign language pedagogy: Teaching the Chinese temporal system [D]. The Pennsylvania State University, University Park, PA, 2012.

[165] Lantolf, J. P. and Poehner, M. E. Dynamic assessment: Bringing the past into the future [J]. Journal of applied linguistics, 2004, 1 (1): 49–74.

[166] Lantolf, J. P. The sociocultural approach to second language acquisition [A]. In D Atkinson (Ed.), Alternative approaches to second language acquisition [C]. London: Taylor & Francis, 2011: 24–47.

[167] Lantolf, J. P. (Ed.) Sociocultural theory and second language learning [M]. Oxford: Oxford University Press, 2000.

[168] Lantolf, J. P. and Aljaafreh, A. Second language learning in the zone of proximal development: A revolutionary experience [J]. International Journal of Educational Research, 1995, 23 (7): 619–632.

[169] Lantolf, J. P. and Poehner, M. E. Dynamic assessment in the classroom: Vygotskian praxis for second language development [J]. Language Teaching Research, 2010, 15 (1): 11–33.

[170] Lantolf, J. P. and Thorne, S. L. Sociocultural theory and the genesis of L2 development [M]. Oxford: Oxford University Press, 2006.

[171] Lantolf, J. P. and Frawley, W. Second language performance and Vygotskian psycholinguistics: Implications for L2 instruction [R]. In The tenth LACUS forum, 1983.

[172] Lantolf, J. P. and Poehner, M. E. Dynamic Assessment in the classroom: Vygotskian praxis for L2 development [J]. Language Teaching Research, 2011, 15 (1): 11–33.

[173] Lantolf, J. P. and Poehner, M. E. The unfairness of equal treatment:

Objectivity in L2 testing and Dynamic Assessment [J]. Educational Research and Evaluation, 2013, 19(2/3): 141–157.

[174] Lantolf, J. P. and Appel, G. Theoretical framework: An introduction to Vygotskian approaches to second language research [A]. In J. P. Lantolf and G. Appel(Eds.), Vygotskian approaches to second language research [C]. Norwood, NJ: Ablex Press, 1994.

[175] Lantolf, J. P. and Poehner, M. E. Sociocultural theory and the pedagogical imperative in L2 education: Vygotskian praxis and the research/practice divide [M]. London, England: Routledge, 2014.

[176] Lantolf, J. P., Kurtz, L. and Kisselev, O. Understanding the revolutionary character of L2 development in the ZPD: Why levels of mediation matter [J]. Language and Sociocultural Theory, 2016, 3(2): 1–19.

[177] Lantolf J. and M. Poehner. Dynamic Assessment in the Foreign Language Classroom [M]. University Park, PA: CALPER Publications, 2007.

[178] Larsen-Freeman, D. Teaching Language: from Grammar to Grammaring [M]. Heinleand Heinle, a division of Cengage Learing, 2003.

[179] Leather, J. Perceptual and productive learning of Chinese lexical tone by Dutch and English speakers [A]. In J. Leather and A. James(Eds.), New Sounds 90: Proceedings of the Amsterdam Symposium on the Acquisition of Second Language Speech [C]. Amsterdam: University of Amsterdam, 1990: 305–341.

[180] Leont'ev, A.N. Problems of the development of the mind [M]. Moscow: Progress, 1981.

[181] Leontjev, D. I Can Do It: The impact of computerized adaptive corrective feedback on L2 English learners [D]. The University of Jyväskylä, Jyväskylä, Finland, 2016.

[182] Leung, C. Dynamic assessment: Assessment for and as teaching? [J]. Language Assessment Quarterly, 2007, 4（3）: 257–278.

[183] Levi, T. The effect of dynamic assessment on the performance of students in oral proficiency tests in English as a foreign language [D]. Tel Aviv University, Israel, 2012.

[184] Levi, T. and Poehner, M. E. Employing dynamic assessment to enhance agency among L2 learners [A]. In J. Lantolf, M. Poehner, and M. Swain （Eds.）, The Routledge handbook of sociocultural theory and second language development [C]. New York, NY: Routledge, 2018: 295–309.

[185] Liberman, A. M. and Mattingly, I. G. A specialization for speech perception [J]. Science, 1989（243）: 489–494.

[186] Liberman, A. M., Cooper, F. S., Shankweiler, P. D., et al. Perception of the speech code [J]. Psychology Review, 1967（74）: 431–461.

[187] Lidz, C. Dynamic assessment [A]. In Encyclopedia of Psychological Assessment. R. Fernndez-Ballesteros（Ed.）[C]. London: SAGE, 2003.

[188] Lidz, C.S. Practitioner's Guide to Dynamic Assessment [M]. New York: Guilford, 1991.

[189] Lidz C. S. Dynamic Assessment: An International Approach to Evaluation Learning Potential [M]. New York: Guilford Press, 1987.

[190] Liu, D. and Zhang, M. Concept-based approach in writing instruction: The effect of concept model [J]. Studies in English Language Teaching, 2014, 2（3）: 281.

[191] Luria, A. R. Study of the abnormal child [J]. American Journal of Orthopsychiatry, 1961, 31（1）: 1–16.

[192] MacDonald, J. and McGurk, H. Visual influences on speech perception processes [J]. Perception & Psychophysics, 1978, 24（3）: 253–257.

[193] Massaro, D. W. Perceiving talking faces: From speech perception to a

behavioral principle [M]. Cambridge MA: MIT Press, 1998.

[194] Mazzotta, M. and Belcher, D. Social-emotional outcomes of corrective feedback as mediation on second language Japanese writing [J]. Journal of Cognitive Education and Psychology, 2018, 17 (1): 47–69.

[195] McCafferty, S. G. The use of private speech by adult second language learners: A cross-cultural study [J]. The Modern Language Journal, 1992 (76): 179–189.

[196] McGurk, H. and MacDonald, J. Hearing lips and seeing voices [J]. Nature, 1976 (264): 746–748.

[197] McNeil, L. Understanding and addressing the challenges of learning computer-mediated Dynamic Assessment: A teacher education study [J]. Language Teaching Research, 2018, 22 (3): 289–309.

[198] Minick, N. Implications of Vygotsky's theories for dynamic assessment [A]. In C. S. Lidz (Ed.), Dynamic Assessment: an interactive approach to evaluating learning potential [C]. New York: The Guilford Press, 1987.

[199] Mok, N. Toward an understanding of perezhivanie for sociocultural SLA research [J]. Language and Sociocultural Theory, 2015 (2): 139–159.

[200] Naeini, J. A comparative study of the effects of two approaches of dynamic assessment on the reading comprehension of Iranian EFL learners [J]. International Journal of Applied Linguistics and English Literature, 2015, 4 (2): 54–67.

[201] Nassaji, H. and Swain, M. A Vygotskian perspective on corrective feedback in L2: The effect of random versus negotiated help on the learning of English articles [J]. Language Awareness, 2000, 9 (1): 34–51.

[202] Negueruela, E. A sociocultural approach to the teaching and learning of second languages: Systemtic-theoretical instruction and L2 development [D]. University Park, PA: The Pennsylvania State University, 2003.

[203] Negueruela, E. Revolutionary pedagogies: Learning that leads（to）second language development [A]. In J.P. Lantolf and M.E. Poehner（Eds.）, Sociocultural theory and the teaching of second languages [C]. UK: Equinox Pub, 2008, 189–227.

[204] Ohta, A. Second language acquisition in the classroom: Learning Japanese [M]. Mahwah, NJ: Lawrence Erlbaum, 2001.

[205] Oller, J. W. Language Tests at School [M]. London: Longman, 1979.

[206] Oskoz, A. Students' dynamic assessment via online chat [J]. CALICO Journal, 2005, 22（3）: 513–536.

[207] Pan, Y. F., Novembre, G., Song, B., et al. Interpersonal synchronization of inferior frontal cortices tracks social interactive learning of a song [J]. Neuroimage, 2018, 183: 280–290.

[208] Pan, Y., Dikker, S., Goldstein, P., et al. Instructor-learner brain coupling discriminates between instructional approaches and predicts learning [J]. NeuroImage, 2020（211）: 1–13.

[209] Pan, Y. F., Cheng, X. J., Zhang, Z. X., et al. Cooperation in lovers: An fNIRS-based hyperscanning study [J]. Human Brain Mapping, 2017, 38（2）: 831–841.

[210] Paradis, M. Declarative and procedural determinants of second languages [M]. Amsterdam: John Benjamins, 2009.

[211] Peña, E. D. and Gillam, R. B. Dynamic assessment of children referred for speech and language evaluations [A]. In C. S. Lidz and J. G. Elliott（Eds.）, Dynamic Assessment: prevailing models and applications [C]. Amsterdam: Elsevier, 2000.

[212] Pishghadam, R., Barabadi, E. and Kamrood, A. M. The differing effect of computerized dynamic assessment of L2 reading comprehension on high and low achievers [J]. Journal of Language Teaching and Research,

2011, 2（6）: 1353–1358.

[213] Poehner, M. E. and van Compernolle, R. A. Reconsidering time and process in L2 Dynamic Assessment [A]. In M. E. Poehner and O. Inbar-Lourie（Eds.）, Toward a reconceptualization of L2 classroom assessment: Praxis and research-teacher partnership [C]. Berlin, Germany: Springer, 2020.

[214] Poehner, M. E. Dynamic assessment of oral proficiency among advanced L2 learners of French [D]. The Pennsylvania State University, University Park, PA, 2005.

[215] Poehner, M. E. Beyond the test: L2 dynamic assessment and the transcendence of mediated learning [J]. The Modern Language Journal, 2007, 91（3）: 323–340.

[216] Poehner, M. E. Dynamic assessment: A Vygotskian approach to understanding and promoting second language development [M]. Berlin: Springer Publishing, 2008.

[217] Poehner, M. E. Group dynamic assessment: Mediation for the L2 classroom [J]. TESOL Quarterly, 2009, 43（3）: 471–491.

[218] Poehner, M. E. Dynamic assessment: Fairness through the prism of mediation [J]. Assessment in Education: Principles, Policy & Practice, 2011, 18（2）: 99–112.

[219] Poehner, M. E. Validity and interaction in the ZPD: Interpreting learner development through L2 dynamic assessment [J]. International Journal of Applied Linguistics, 2011, 21（2）: 244–263.

[220] Poehner, M. E. The zone of proximal development and the genesis of self-assessment [J]. Modern Language Journal, 2012, 96（4）: 601–622.

[221] Poehner, M. E. Probing and provoking L2 development: The object of mediation in Dynamic Assessment and Mediated Development [A]. In J.

Lantolf, M. Poehner, and M. Swain (Eds.), The Routledge handbook of sociocultural theory and second language development [C]. New York, NY: Routledge, 2018: 249–265.

[222] Poehner, M. E. and Infante, P. Mediated development: Inter-psychological activity for L2 education [J]. Language and Sociocultural Theory, 2015, 2 (2): 161–183.

[223] Poehner, M. E. and Infante, P. Mediated development: A Vygotskian approach to transforming second language learner abilities [J]. Tesol Quarterly, 2017, 51 (2): 332–357.

[224] Poehner, M. E. and Infante, P. Mediated development and the internalization of psychological tools in L2 education [J]. Learning, Culture and Social Interaction, 2019 (22): 100322.

[225] Poehner, M. E. and Lantolf, J. P. Bringing the ZPD into the equation: Capturing L2 development during Computerized Dynamic Assessment (C-DA) [J]. Language Teaching Research, 2013, 17 (3): 323–342.

[226] Poehner, M. E. and Ableeva, R. Dynamic assessment: From display of knowledge to engagement in the activity of development [A]. In D. Tsagari and I. Csepes (Eds.), Classroom-based language assessment [D]. Frankfurt, Germany: Peter Lang, 2011: 15–28.

[227] Poehner, M. E. and Lantolf, J. P. Dynamic assessment in the language classroom [J]. Language Teaching Research, 2005, 9 (3): 1–33.

[228] Poehner, M. E. and Leontjev, D. To correct or to cooperate: Mediational processes and L2 development [J]. Language Teaching Research, 2018, 24 (3): 295–316.

[229] Poehner, M. E. and Van Compernolle, R. A. Frames of interaction in Dynamic Assessment: Developmental diagnoses of second language learning [J]. Assessment in Education: Principles, Policy & Practice, 2011, 18 (2):

183–198.

[230] Poehner, M. E. and Van Compernolle, R. A. Interaction, change, and the role of the historical in validation: The case of L2 dynamic assessment [J]. Journal of Cognitive Education and Psychology, 2018, 17(1): 28–46.

[231] Poehner, M. E. and Wang, Z. Dynamic Assessment and second language development [J]. Language Teaching, 2021, 54(4): 472–490.

[232] Poehner, M. E. and Yu, L. Dynamic Assessment of L2 Writing: Exploring the Potential of Rubrics as Mediation in Diagnosing Learner Emerging Abilities [J]. Tesol Quarterly, 2021, doi: 10.1002/tesq.3098.

[233] Poehner, M. E., Infante, P. and Takamiya, Y. Mediation processes in support of learner L2 writing development: Individual, peer, and group contexts [J]. Journal of Cognitive Education and Psychology, 2018, 17(1): 112–132.

[234] Poehner, M. E., Zhang, J. and Lu, X. Computerized dynamic assessment (C-DA): Diagnosing L2 development according to learner responsiveness to mediation [J]. Language Testing, 2015, 32(3): 337–357.

[235] Poehner, M. E. and Lantolf, J. P. Vygotsky's teaching-assessment dialectic and L2 education: The case for dynamic assessment [J]. Mind, Culture, and Activity, 2010(17): 312–330.

[236] Prawat, R. S. Dewey meets the "Mozart of Psychology" in Moscow: The untold story [J]. American Educational Research Journal, 2000, 37(3): 663–696.

[237] Qin, L. and Wei, R. Investigating affordance in technology-enriched language learning environment through exploring students' perezhivanija [J]. Chinese Journal of Applied Linguistics, 2021, 44(2): 187–202.

[238] Qin, L. The "wrong love" between the zone of proximal development and scaffolding: An interview with Prof. James P. Lantolf [J]. Chinese Journal

of Applied Linguistics, 2022, 45 (1): 138–149.

[239] Qin, T. Computerized Dynamic Assessment of L2 Chinese implicature comprehension [D]. Carnegie Mellon University, Pittsburgh, PA, 2018.

[240] Rahimi, M., Kushki, A. and Nassaji, H. Diagnostic and developmental potentials of dynamic assessment for L2 writing [J]. Language and Sociocultural Theory, 2015, 2 (2): 185–208.

[241] Rassaei, E. Effects of mobile-mediated dynamic and nondynamic glosses on L2 vocabulary learning: A sociocultural perspective [J]. Modern Language Journal, 2020, 104 (1): 284–303.

[242] Regalla, M. and Peker, H. Prompting all students to learn: Examining dynamic assessment of special needs and typical students in a prekindergarten inclusive French program [J]. Foreign Language Annals, 2017, 50 (2): 323–338.

[243] Saville-Troike, M. Private speech: Evidence for second language learning strategies during the "silent" period [J]. Journal of Child Language, 1988 (15): 567–590.

[244] Schneider, E. and Ganschow, L. Dynamic assessment and instructional strategies for learners who struggle to learn a foreign language [J]. Dyslexia, 2000, 6 (1): 72–82.

[245] Scholkmann F, Holper L, Wolf U, Wolf, M. A new methodical approach in neuroscience: Assessing inter-personal brain coupling using functional near-infrared imaging (fNIRI) hyperscanning [J]. Frontiers in Human Neuroscience, 2013 (7): 813.

[246] Seikmann, S. and Charles, W. Upingakuneng (when they are ready): Dynamic assessment in a third semester Yugtun class [J]. Assessment in Education: Principles, Policy & Practice, 2011, 18 (2): 151–168.

[247] Serrano-Lopez, M. and Poehner, M. E. Materializing linguistic concepts

through 3-D clay modeling: A tool-and-result approach to mediating L2 Spanish development [A]. In J. Lantolf, and M. Poehner (Eds.), Sociocultural theory and the teaching of second languages [C]. London, UK: Equinox, 2008.

[248] Shabani, K. Dynamic assessment of L2 learners' reading comprehension processes: A Vygotskian perspective [J]. Procedia–Social and Behavioral Sciences, 2012(32): 321–328.

[249] Shrestha, P. and Coffin, D. Dynamic assessment, tutor mediation, and academic writing development [J]. Assessing Writing, 2012, 17(1): 55–70

[250] Smagorinsky, P. Deconflating the ZPD and instructional scaffolding: Retranslating and reconceiving the zone of proximal development as the zone of next development [J]. Learning, Culture and Social Interaction, 2018(16): 70–75.

[251] Smith, H. J. The social and private worlds of speech: Speech for inter- and intramental activity [J]. The Modern Language Journal, 2007(91): 341–356.

[252] Smotrova, T. Making pronunciation visible: Gesture in teaching pronunciation [J]. Tesol Quarterly, 2017, 51(1): 59–88.

[253] Sternberg, R.J. and Grigorenko, E.L. Dynamic testing: The nature and measurement of learning potential [M]. Cambridge: Cambridge University Press, 2002.

[254] Swain, M. The inseparability of cognition and emotion in second language learning [J]. Language Teaching, 2013, 46(2): 195–207.

[255] Swain, M., S. Lapkin, I. Knouzi, et al.. Languaging: University students learn the grammatical concept of voice in French [J]. The Modern Language Journal, 2009(93): 5–29.

[256] Teo，A. Promoting EFL students' inferential reading skills through computerized dynamic assessment [J]. Language Learning & Technology，2012，16(3): 10–20.

[257] Tzuriel，D. and Shamir，A. The effects of mediation in computer assisted dynamic assessment [J]. Journal of Computer Assisted Learning，2002，18(1): 21–32.

[258] Valsiner，J. Process structure of semiotic mediation in human development [J]. Human Development，2001(44): 84–97.

[259] Van Compernolle，R. and Kinginger，C. Promoting metapragmatic development through assessment in the zone of proximal development [J]. Language Teaching Research，2013，17(3): 282–302.

[260] Van Compernolle，R. A. Developing second language sociopragmatic knowledge through concept-based instruction: A microgenetic case study [J]. Journal of Pragmatics，2011，43(13): 3267–3283.

[261] Van Compernolle，R. A. Concept appropriation and the emergence of L2 sociostylistic variation [J]. Language Teaching Research，2013，17(3): 343–362.

[262] Van Compernolle，R. A. Sociocultural theory and L2 instructional pragmatics [M]. Bristol: Multilingual Matters，2014.

[263] Van Compernolle，R. A. and Henery，A. Instructed concept appropriation and L2 pragmatic development in the classroom [J]. Language Learning，2014，64(3): 549–578.

[264] Van Compernolle，R. A. and Williams，L. Metalinguistic explanations and self-reports as triangulation data for interpreting second language sociolinguistic performance [J]. International Journal of Applied Linguistics，2011，21(1): 26–50.

[265] Van Compernolle，R. A. and Williams，L. Promoting sociolinguistic

competence in the classroom zone of proximal development [J]. Language Teaching Research, 2012, 16(1): 1–22.

[266] Van Compernolle, R. A. and Zhang, H. Dynamic assessment of elicited imitation: A case analysis of an advanced L2 English speaker [J]. Language Testing, 2014(31): 395–412.

[267] Veresov, N. N. Undiscovered Vygotsky: Etudes on the pre-history of cultural- historical psychology [M]. Frankfurt-am Main: Peter Lang, 1999.

[268] Vygotsky, L. S. Mind in Society: The Development of Higher Psychological Process [M]. Cambridge, MA: MIT Press, 1978.

[269] Vygotsky, L. S. The Collected Works of L. S. Vygotsky: Volume 1, Thinking and Speech. R. W. Rieber and A. S. Carton (Eds.) [C]. New York: Plenum Press, 1987.

[270] Vygotsky, L. S. The Collected Works of L. S. Vygotsky. Volume 2: The fundamentals of defectology (abnormal psychology and learning disabilities). R. W. Rieber and A. S. Carton (Eds.) [C]. New York: Plenum Press, 1990.

[271] Vygotsky, L. S. The collected works of L. S. Vygotsky. Volume 5: Child psychology. R. W. Rieber (Ed.) [C]. New York: Plenum, 1998.

[272] Vygotsky, L. S. Isbrannye psikhologicheskie issledovaniya [Selected psychological investigations] [M]. Moscow: Izdatel'stvo Akademii Pedagogischeskikh Nauk SSSR, 1956.

[273] Wang, Y., Jongman, A. and Sereno, J. A. Acoustic and perceptual evaluation of Mandarin tone productions before and after perceptual training [J]. Journal of the acoustical society of America, 2003, 113(2): 1033–1044.

[274] Wang, Y., Spence, M. M., Jongman, A. and Sereno, J. A. Training

American listeners to perceive Mandarin tones [J]. Journal of the acoustical society of America, 1999, 106（6）: 3649–3658.

[275] Wertsch, J. V. Adult-child interaction as a source of self-regulation in children [A]. In S.R. Yussen（Ed.）, The growth of reflection in Children [C]. Madison, Wisconsin: Academic Press, 1985.

[276] Wertsch, J. V. and Stone C. A. Microgenesis as a tool for developmental analysis [J]. Laboratory of Comparative Human Cognition, 1978（1）: 8–10.

[277] White, L. Universal Grammar and Second Language Acquisition [M]. Amsterdam: John Benjamins, 1989.

[278] Wood, D., Bruner, J. S. and Ross, G. The role of tutoring in problem solving [J]. Journal of Child Psychology & Psychiatry & Allied Disciplines, 1976, 17（2）: 89–100.

[279] Xi, J. and Lantolf, J.P. Scaffolding and the zone of proximal development: A problematic relationship [J]. J Theory Soc Behav, 2020, 51（4）: 1–24.

[280] Yang, Y. and Qian, D. D. Assessing English reading comprehension by Chinese EFL learners in computerized dynamic assessment [J]. Language Testing in Asia, 2017, 7（1）: 11.

[281] Yang, Y. and Qian, D. D. Promoting L2 English learners' reading proficiency through computerized dynamic assessment [J]. Computer Assisted Language Learning, 2020, 33（5–6）: 628–652.

[282] Yoshida, R. Functions of Repetition in Learners' Private Speech in Japanese Language Classrooms [J]. Language Awareness, 2008（17）: 289–306.

[283] Zhang, H. and Van Compernolle, Rémi A. Learning potential and the dynamic assessment of L2 Chinese grammar through elicited imitation [J].

Language and Sociocultural Theory, 2016, 3（1）: 99–120.

[284] Zhang, J. and Lu, X. Measuring and supporting second language development using computerized dynamic assessment [J]. Language and Sociocultural Theory, 2019, 6（1）: 92–115.

[285] Zhang, X. The teachability hypothesis and concept-based instruction: Topicalization in Chinese as a second language [D]. The Pennsylvania State University, University Park, PA, 2014.

[286] Zheng, L., Chen, C., Liu, W., et al. Enhancement of teaching outcome through neural prediction of the students' knowledge state [J]. Human Brain Mapping, 2018, 39（7）: 3046–3057.

后　　记

　　在本书即将出版之际，我要感谢我的导师王建勤先生。还记得大学快毕业时，我在学校图书馆第一次接触到先生的著作，心里便萌生了一个大胆的想法——我想跟随王老师学习。硕士三年，是老师手把手的教导让我这样一个对二语习得和实验设计一无所知的"小白"逐渐领略到学术研究的无穷魅力。工作后再次考博，对我来说有着圆梦般的神圣意义。能够再次回到教室聆听老师的教诲，是我梦寐以求的时光。博士四年，王老师指导我参与完成国家社科项目，从确定研究的问题、研读相关文献，再到实验设计、论文写作，一次一次地讨论，一稿一稿地修改，老师付出了太多的心血，只为让学生在做中学，在做中成长。自师从先生，我得到了太多太多的启迪和帮助，也在这一过程中体会到了探索的不易和求知的喜悦。这些深刻的调节学习体验将会一直陪伴我在未来的道路上继续前行。

　　感谢在求学道路上为我传道、授业、解惑的老师们，感谢北京华文学院的领导和同事们，感谢王门大家庭的兄弟姐妹。感谢我的爸爸妈妈，从小到大，爸爸妈妈对我只有引导，没有要求，使我一直保持着对学习的热爱。感谢我的爱人给我无尽的支持和鼓励，在最为艰辛和脆弱的时刻给我勇气和力量。感谢可爱的女儿带给我无限的欣喜，让我体会到生命的神奇和伟大。

　　感谢责任编辑刘姝辰主任的支持与鼓励。刘主任的细心、耐心和辛勤付出让我十分感动。

贾琳

2022 年 5 月

于北京华文学院